JN078899

銀行員の
コンサルティング力を高める

中小・零細企業の

事業性
評価

ハンドブック

寺嶋直史 著

中央経済社

はじめに

●「事業承継」「M&A」は「経営改善」と同時並行で実施すべき

　2014年に金融庁は「金融モニタリング基本方針」の中で「事業性評価」という指針を示し，2016年には書籍『捨てられる銀行』（橋本卓典著）が発刊されて事業性評価が大きな話題になりました。事業性評価とは，財務データや担保・保証に必要以上に依存することなく，取引先企業の事業内容や成長可能性などを適切に評価して行う融資のことです。

　銀行が行ってきた企業分析は，決算書という「数字面」のみを重視し，「事業面」についての調査・分析はほとんど行われていませんでした。そしてバブル崩壊，ITバブル崩壊，リーマンショック等で市場は低迷し続け，多くの企業が業績悪化に苦しむ中，2009年に時限立法のモラトリアム法案が施行され，リスケが簡単に実施されるようになりました。しかし2013年にモラトリアム法案が2度の延長を経て終了しても，再生企業の再生は進まず，いよいよ金融庁は，従来の自己資本比率や不良債権比率で測る銀行の健全性から，事業性評価により，銀行の先にいる企業の成長や満足度向上を優先する目標に大きく方針転換したのです。

　しかし，事業性評価は極めて本質的で有効な取り組みであるにもかかわらず，実際には中小・零細企業と直に接する各銀行員まで浸透していません。その要因の1つは銀行員のコンサルティング力の欠如であり，これは各銀行の事業性評価への全社的な取り組みが不十分であったためといえます。いくら決算書を分析する能力を持っていても，実際に事業面を見極めるためのコンサルティング能力を磨く機会がなければ，コンサルティング力は向上しないからです。

　このような中，2020年に新型コロナウィルスが発生し，市場は激変しました。そして多くの中小・零細企業が業績悪化で疲弊し，返済の目途の立

たない暫定的な借入で何とか生き延びているという状況です。そのため，中小・零細企業の経営改善はまったなしの状況です。

　しかし現在の中小・零細企業に対する取り組みは，事業承継やM&Aが優先的に行われています。当初は事業承継が注目されていましたが，そもそも親族内で承継者がいないため，注目が事業承継からM&Aへ移行しつつあります。しかし業績が低迷し，借入過多に陥っている中小・零細企業を積極的に買収する企業や人はほとんどいません。すでに多くの中小・零細企業がネットで売りに出されていますが，買い手が見つからない企業が多く残っています。そのため，事業承継やM&Aは，経営改善，PL/BSの改善も同時並行で実施すべきなのです。

●事業再生が進まないのは事業DDができるコンサルタント不在が原因

　私は2010年にコンサルティング会社を立ち上げ，それ以降，中小・零細企業のさまざまな業種の事業デューデリジェンス（以下，「事業DD」）や実行支援を120件以上実施してきました。その間，国が中小・零細企業に対し，モラトリアム法案などさまざまな支援を打ち出してきました。しかし再生企業の再生はなかなか進んでいません。その大きな要因は，病気にかかった再生企業を治療できる専門家がほとんどいないためであると考えています。これは銀行員に限らず，コンサルタントも同様です。

　決算書や試算表を見れば，企業の病気の具合，例えば，軽症なのか重症なのか，あるいは重体というレベルなのかはある程度わかります。しかし，なぜそのような症状に陥ってしまったのかという病気の原因は，数字だけではわかりません。そして多くの経営者も，自身の病気の原因が何なのかを理解していません。さらに，中小・零細企業の再生企業では，問題は1つではなく，経営や組織，業務の内容など，大なり小なりさまざまな課題を抱えているケースがほとんどです。そのため，経営者自らが病気を治す，つまり経営改善を行うことは困難であるといえます。

　そして事業DDや事業性評価には，問題の原因究明以外にもう１つ大きな役割があります。それは，会社の強みを見出して成長性を見極めることです。具体的には，自社の強みを洗い出し，その中で市場のニーズと合致した真の強みを明らかにすること，そしてそれらを伸ばす施策を提案することです。しかし経営者は，自社の強みがどこにあるのかを把握できていません。外部から見て強みと思っても，自社では当たり前に実施していることで，そこが強みと感じていないケースが多いのです。

　このような中，本来であればコンサルタントが事業DDで，問題点と強みを抽出しなければなりません。しかし現在の事業再生コンサルティングでは，事業面の調査・分析が不十分でこれらを見出すことができていません。そのため，具体的な改善策も曖昧となり，根拠のない，数字だけを調整する経営改善計画書を作成することだけに集中しているのが現状です。しかし，いくら経営改善計画書を作成しても，経営が悪化した原因を突き止めなければ，その病気を治療して完治させることはできません。問題や強みを抽出せず，現状を踏まえた合理的な戦略や戦術を打ち出さずに，数字だけを操作して経営改善計画書を作成しても，その計画に実効性が伴わないのは至極当然のことなのです。

●中小・零細企業の事業DDのポイントは「内部環境分析」

　現在コンサルティング会社が行っている事業DDの多くは，会計系のコンサルティング会社の場合，事業内容を掘り下げるのではなく，PLやBSなどの数値を細かく羅列したものが多いのが現状です。しかし数字だけでは当然，事業面で何が問題なのかがわからないだけでなく，事業の中身さえも把握できません。

　そして事業系コンサルティング会社や個人のコンサルタントが行う事業DDでは，外部環境分析が中心であり，内部環境分析が極めて不十分な状態です。これは，現在の事業DDは大手戦略系コンサルティング会社の手

法がそのまま広がっていったものであるからだと考えられます。

　大手戦略系コンサルティング会社が行う事業DDは，対象企業が上場企業などの大手企業です。企業規模の大きい大手企業の業績は外部環境に大きく影響するため，戦術より戦略が重要になります。また大手企業向けの事業DDの主な目的は，市場の変化を捉え，今後の市場の動きを予測して戦略に活かすことです。また，市場シェア向上や海外進出などの場合もあります。そのため，外部環境分析が重要なポイントになるわけです。

　一方で中小・零細企業の場合，戦略は当然重要なのですが，それ以上に戦術の重要性が大きくなります。なぜなら，規模が小さいためそれほど大きな売上や利益を向上させる必要はなく，小回りも利くため，業界全体が下落傾向であっても戦術面でカバーすることが十分に可能だからです。知恵を絞って戦術面を練り上げることで，市場全体が低迷していても企業をV字回復させることは可能なのです。しかしそのためには，事業DDで徹底的に内部環境分析を行い，問題点と強みを見出さなければなりません。その上で，戦略とあわせて具体的な施策である戦術を構築するのです。

　このように，中小・零細企業の事業DDの目的は，徹底的に内部環境分析を行って問題点と強みをあぶり出し，経営改善や企業成長につなげることであり，大手企業のそれとは目的がまったく異なります。しかし現状は，中小・零細企業に対する事業DDでも数字や外部環境が中心となっていて，そのような報告書を作成する大手コンサルティング会社に対し，数百万円も出して事業DDを依頼しているのが現状なのです。

●ブラックボックス化しているコンサルティング業界

　中小・零細企業向けの経営コンサルタント，あるいは事業再生コンサルタントは，「企業の医者」にたとえることができます。

　通常の医者が患者を診る場合，患者がなぜそのような症状になったのかの原因を突き止めるために，症状に応じてさまざまな検診や検査を行い，

病気の原因を突き止めます。そして原因が判明したら，そこをピンポイントで治療します。

　これは企業でも同様で，何が問題で，それらの原因がどこにあるのかを突き止め，そこにメスを入れて問題解決を行わなければ，企業の経営改善は進まず，業績を正常なものに再生させることはできません。

　つまり事業再生を実現するには，問題の原因を究明して改善策を見出し，その上で経営改善計画書を作成して実行していくプロセスで実施する必要があるのです。そして医者でいう「検診・検査」が，コンサルタントにとっての「事業DD」であり，銀行員にとっての「事業性評価」になるのです。

　先ほど「中小・零細企業の事業DDは，外部環境分析ではなく内部環境分析が重要」と明記しましたが，もし病院で健康診断を受けて，その結果が，外部環境がメインに書かれていたらどうでしょうか。例えば，50歳を過ぎた患者の健康診断の結果が，「50歳過ぎると高血圧，心筋梗塞や脳卒中にかかる人が増加するため注意が必要」と一般的な外部環境情報を示されても，誰もそのような結果を期待していませんし，もしそのような結果を提示してしまったらクレームになってしまいます。

　しかしながら，中小・零細企業向けの事業DDが，外部環境分析がメインでほとんど内部環境分析が行われなくても，決してクレームになることはありません。なぜなら，事業DDやコンサルティングの内容が市場でブラックボックス化しており，誰も何が正しいのかの判断がついていないからです。しかし経営者の本音は，自社のどこが問題なのか，どうすれば経営改善が実現し，売上や利益を向上させられるのかの「答え」を期待しているはずです。これが顧客のニーズです。市場のニーズに応えられずに平然と生き残れているのはコンサルティング業界くらいではないでしょうか。

　このように中小・零細企業の事業再生が進まないのは，コンサルティングや事業DDがブラックボックス化し，誰もその良し悪しが判断できず，スキル不足のコンサルティング会社やコンサルタントが黙認される状況に

あることが原因です。そのため，コンサルタントが，病気を治せないヤブ医者であっても，さらには自社のパッケージを売り込む営業マン化していても，クレームになることがないのです。

●銀行員の強みと課題

　ただし，事業再生の進まないのは，コンサルティング側だけでなく銀行側にも要因があります。

　まずは，事業面での改善提案を行わず，すでに借入過多の状況に陥った再生企業に対して，経営改善の支援をせずに融資を継続させて，借入負担を増大させてしまったことです。自行で経営改善ができないのであれば，コンサル会社に依頼したり，専門家派遣で対応したりするなどの方法があったはずです。しかし，事業面の改善に目を向けずに融資のみで支援するという姿勢が，再生企業をさらに悪化させる要因につながっているのです。もちろん，融資することで再生を果たした企業も多くあります。そのため，銀行側の選択肢を「融資」だけでなく，事業面の「経営改善」も含めることができれば，より企業側にメリットがでるはずです。その場合に重要になるのは，どの支援策を選択するかという「見極め」であり，そのためには，事業の中身を精査する事業DDや事業性評価が必要になります。

　その他，経営改善計画書に極度に依存する体質に陥ったこと，そして銀行がコンサルティング会社に対し，調査対象企業の正確な現状把握よりも，銀行都合の経営改善計画書を要求することです。銀行は，業績が悪化した企業の信用格付を維持して，不良債権比率を抑えることを優先する場合があります。そしてコンサルティング会社は，調査企業ではなく，案件をくれる銀行こそが顧客であるという認識に立ち，顧客である銀行の要求に忠実に従っているわけです。

　一方で，特に信用金庫や信用組合の場合，地域の企業に対する銀行員の思いは強く，銀行員と経営者の絆は非常に深いものがあります。私は，銀

行員の方と一緒に会社を訪問してコンサルティングを行う機会があります。そして私がいくら提案しても受け入れない頑固な経営者がいるのですが，銀行員が薦めると素直に聞き入れ，忠実に実行しようとします。これは，債権者の立場が強いというのが理由の1つではありますが，社長と銀行員との信頼関係が構築できていることが大きな要因です。信頼関係は一朝一夕ではできないため，これは非常に大きな強みであるといえます。そのため，再生企業のコンサルティングで銀行員の方に同行いただくと，改善がスムーズに進むケースが度々あります。

　また，志の高い銀行員の中には，さらに踏み込んだ事業の中身の支援を実施したいと考えている人がいます。銀行員は融資先として多くの顧客を抱え，その中に経営改善が必要な企業も多く含まれているため，銀行員が事業性評価のスキルを習得すれば非常に強力な武器になるはずです。しかしいくら志が高くても，経営やコンサルティングに関するスキルが不十分であれば，十分な事業性評価を行うことができず，支援も融資のみの限定的なものになります。

　ただし，その志の高さが裏目にでる場合もあります。私は再生企業の再生の場面で，銀行員によるミスリードにより業績をさらに悪化させた状況をいろいろと目にしてきました。例えば，数店舗を運営する小売店の中で，1店舗が赤字に陥り，その赤字店舗を閉めるよう銀行員が社長に強く要求するケースです。しかし店舗が赤字の場合，本来であれば，すぐに閉鎖と決断するのではなく，なぜ赤字に陥ったのか，どうすれば改善するかを吟味してさまざまな施策を実行し，それでも難しければ閉店する，という流れで実施すべきです。そして閉鎖せざるを得ない状況でも，閉鎖後の収益について，人件費を含めた固定費をどの程度削減し，どの程度収益が改善するかをシミュレーションした上で実行するべきです。それらを実施せずに閉鎖させてしまうと，固定費削減が不十分になり，赤字が膨らんで業績をさらに悪化させてしまいます。大企業のように膨大な店舗数があれば，

数店舗を閉鎖したくらいで固定費を全体で吸収できますが，中小・零細企業は規模が小さいため，閉店店舗の固定費を十分に削減できないと，その固定費を残りの店舗で賄うことが難しいのです。

また，仕出事業の例で，銀行の要求どおりに給与の多い従業員を中心にリストラを実施した結果，ノウハウを持ち，現場を指揮命令する人材がいなくなり，品質が一気に低下し，既存顧客も同社から離れていって業績がさらに悪化してしまったケースもあります。これは銀行員が数字しか見ていないこと，そして主要メンバーをリストラすると現場がどのような状況に陥るかという想像力の欠如が大きな要因です。

このように，銀行員が良かれと考えて実行した融資や改善提案が，企業をさらに悪化させる要因になることもあるのです。これは，事業面の現状把握や問題点・強みを抽出せず，具体的な改善策が描けていないこと，つまり事業DDや事業性評価を実施していないことが原因で起きることです。

以下に，銀行員の抱える課題と実状について整理します。

【銀行員の抱える課題と実状】
① 事業内容の評価ができないため，顧客に対してさらに踏み込んだ，寄り添った支援をしたいと思っても十分な支援ができない。
② 経費削減等の経営改善を優先すべき企業に対しても，融資でしか支援ができず，企業の借入過多を招いている。
③ 事業内容の現状把握が不十分のまま，銀行員自身の偏った知識から思い込みで具体的な改善提案を行うケースがあり，その結果，企業をミスリードしてしまい，経営をさらに悪化させている。

●事業再生コンサルティングのノウハウを「形式知化」

本書では，これらの銀行員やコンサルタントの課題を解決するために，私が長年積み重ねてきた，世の中で暗黙知となっている，中小・零細企業

向けのコンサルティングのノウハウを形式知化し，事業性評価のしくみを構築しました。本書を活用すれば，経営やコンサルティングの知識や経験が不十分でも，ある程度高度な事業性評価や事業DDを実施することが可能になります。

　なお，本書には，重要点や評点など，やや細かい手法を提示していますが，重要なところは，ロジックツリーで各機能を詳細に分割した「ヒアリング項目」と，各ヒアリング項目に記載した「具体的確認事項」です。そのため，それ以外については各行でカスタマイズしても排除しても問題ありません。

　SNSの浸透，在宅勤務，オンライン化など環境が大きく変化している昨今，IoTやDX，AIなどで今後の市場環境はさらに大きく変化していきます。そしてこれからの中小・零細企業は，経営改善を行いながら，激変する市場環境に対応していくことが求められます。そのような中，銀行員もコンサルタントも，世の中の中小・零細企業が元気になってほしいという思い，そして中小・零細企業が活躍するという目指すゴールは共通です。この思いやゴールを実現するためには，銀行員やコンサルタントが，しっかりと事業の中身を見極められるようになることが不可欠なのです。

　本書によって，1人でも多くの銀行員が事業性評価のスキルを習得し，1社でも多くの中小・零細企業が元気に活躍する世の中になることを願っています。

2022年3月

株式会社レヴィング・パートナー

代表取締役　寺嶋　直史

目　　次

I　事業性評価を取り巻く環境の実態

Ⅱ　中小・零細企業の事業性評価で押さえておくべき前提知識

第3章　事業性評価に必要な「中小・零細企業と大企業の違い」……35

Column

第1章　事業性評価と中小・零細企業の実態

1.1

事業性評価とその本質

●従来の企業分析

　これまで銀行が中小・零細企業に対して行ってきた企業分析は，PLやBSの決算書や試算表という「数字」が中心でした。しかしこの数字の分析である「定量分析」は事業活動の「結果」であり，なぜその結果に陥ったのかの「原因」を究明することはできません。

　これは人でたとえると「腹痛」という結果しかわからず，なぜお腹が痛いのかの「原因」まで突き止めていないのと同じことです。腹痛の原因は人によって異なり，単なる食べ過ぎかもしれませんし，内臓器官のどこかが悪化しているという深刻な事態なのかもしれません。同じ「腹痛」という「結果」であっても，「原因」は人によってさまざまで，その原因を突き止めるために医者が検査をします。そして検査結果で原因を究明し，判明した原因にメスを入れるからこそ，問題の腹痛が改善されるのです。

　これは企業活動も同様で，決算書による分析で判明する「問題点」は，「営業利益がマイナス」「借入過多」など，業績悪化で苦しむ多くの企業でそれほど違いはありません。しかし，悪化した「原因」は個々の企業でまったく異なっています。そして究明すべき「原因」にメスを入れなければ，問題を改善させることはできません。そしてその個々の企業の問題の原因を明らかにするには，事業活動の「中身」の分析である「定性分析」を行う必要があるのです。

●事業性評価の本質

　「事業性評価」という言葉は，金融庁の2014年の金融モニタリング基本方針の中で，「金融機関は，財務データや担保・保証に必要以上に依存することなく，借り手企業の事業の内容や成長可能性などを適切に評価し（事業性評価），融資や助言を行い，企業や産業の成長を支援していくこと

が求められる」と示されました。つまり事業性評価とは，事業の「中身」
を理解し，評価することです。そして事業の中身を評価するためには，定
量評価と定性評価の双方から事業を分析しなければなりません。

　具体的には，定量分析で収益状況や財務構造等の問題点等を把握し，そ
の悪化の要因を定性分析で究明することです。そのためには，企業の現状
を正確に把握し，事業の問題点・課題がどこにあるのか，そして強みがど
こにあるのかを究明し，その上で，問題点の原因を改善できるか，改善を
維持できるか，強みを活かした施策により成長性が期待できるかを見極め
なければなりません。これが，事業性評価の本質なのです。

▶事業性評価とその本質

定量分析	決算書（PL，BS）等の分析
定性分析	経営・事業内容の現状把握
	①　問題点（原因）の抽出 ②　強みの抽出
	①　問題解決の施策のイメージ ②　強みを活かした施策のイメージ
事業性評価	①　財務面：収益性・安全性評価 ②　事業面：安定性・持続性・成長性評価

1.2

事業性評価が必要とされる背景①
休廃業・解散件数の増加への対応

●倒産件数が減少する一方，休廃業・解散件数は増加

　東京商工リサーチによると，倒産件数は年々減少しており，2020年の倒産件数は5年前の2015年より▲1,039件（▲11.8％）となっています。ただしこの数字はあくまで「倒産件数」という，会社更生や民事再生，破産といった裁判所が関与する法的手続，したがって倒産処理を行う手続のみが反映された数字です。つまり，複数の債権者と債務者の合意により進める私的整理や，企業活動を停止した休廃業の件数は含まれていないのです。

　一方で，休廃業・解散の件数は毎年増加しており，2020年は5年前の＋12,150件（＋32.4％）と大幅に増加しています。さらに，休廃業・解散件数と倒産件数の差（右図のA－B）も大きく増加しており，倒産件数の減少数が，休廃業・解散件数の増加数を大きく上回っています。つまり企業の実質的な倒産が，法的整理から私的整理へ移行しているといえます。私的整理が増える理由として，法的整理には裁判所への申立手数料や弁護士費用などで数百万円かかるため，そのお金も残っていない中小・零細企業が増えていることが1つの要因になっています。

　そのため休廃業・解散件数と倒産件数を合計した数（右図のA＋B）が実質的な倒産件数として見るのが妥当であり，この数値は2020年が57,471件で，5年前より＋11,111件（＋24.0％）と大きく増加しています。

●コロナ禍で休廃業・解散件数と倒産件数はさらに増加する見込み

　2020年以降，コロナ禍で世の中は大きく変化し，飲食や宿泊業界，エンターテイメント業界など，さまざまな業界が業績悪化に陥っています。ただし2020年は，国や自治体の助成金のほか，金融機関からの無利子・無担保融資など，さまざまな支援を受けることができました。しかし2021年以

降，市場の低迷が続く中，金融機関からの新たな運転資金の借入は困難な状況になっています。そのため，2021年以降は休廃業・解散はますます増加し，倒産件数も増えるであろうと考えられます。

▶ 休廃業・解散件数と倒産件数の年次推移

（単位：件）

			休廃業・解散 A	倒産 B	休廃業・解散と倒産の差 A－B	休廃業・解散と倒産の合計 A＋B
2015年		①	37,548	8,812	28,736	46,360
2016年			41,162	8,446	32,716	49,608
2017年			40,909	8,405	32,504	49,314
2018年			46,724	8,235	38,489	54,959
2019年			43,348	8,383	34,965	51,731
2020年		②	49,698	7,773	41,925	57,471
5年前比較	比	②／①－1	32.4%	－11.8%	45.9%	24.0%
	差	②－①	12,150	－1,039	13,189	11,111

（資料：株式会社東京商工リサーチ「2020年「休廃業・解散企業」動向調査」）

1.3

事業性評価が必要とされる背景②
人口減少への対応

●人口減少問題と共に高齢化問題も深刻化

　国立社会保障・人口問題研究所の「日本の地域別将来推計人口（平成30（2018）年推計）」によると，2015年の全国の人口は127,095千人となっています。年齢層別の人口構成比を見ると，年少人口（0〜14歳）が12.5％，生産年齢人口（15〜64歳）が60.8％，老年人口（65歳以上）が26.6％となっています。

　30年後の2045年の推定人口を見ると，全体で106,421千人であり，2015年から▲20,674千人（▲16.3％）と大きく減少しています。年齢層別に見ると，2045年の年少人口は2015年と比較して▲4,561千人（▲28.6％），生産年齢人口が▲21,437千人（▲27.7％）と，共に30％近く減少します。一方で老年人口は＋5,324千人（＋15.7％）と増加します。

　さらに，2015年と2045年の年齢層別の人口構成比を比較すると，年少人口が2015年の12.5％に対し2045年は10.7％と2％近く減少，生産年齢人口は60.8％から52.5％と8％以上も減少するのに対し，老年人口は26.6％から36.8％と10％以上増加する見込みであり，人口減少と共に高齢化問題も深刻な状況です。

●特に地方の人口減少は深刻な状況

　この人口減少問題は，特に地方が深刻な状況です。過疎化が進み，人口の50％以上が65歳以上の高齢者である「限界集落」と呼ばれる地域も増えています。コロナ禍によりオンライン化が進み，地方へ移住する動きが見られますが，地方再生にはまだほど遠いのが現状です。

　そしてこの地方の人口減少に拍車をかけるのが地方企業の衰退です。地方の企業が元気にならなければ，その地域の人口も減少傾向となるため，

地方活性化の実現も難しくなります。

▶将来推定人口（年齢層別，全国）

（単位：千人）

		人口合計（全国）	年少人口 （0－14歳）	生産年齢人口 （15－64歳）	老年人口 （65歳以上）
2015年	①	127,095	15,945	77,282	33,868
2020年		125,325	15,075	74,058	36,192
2025年		122,544	14,073	71,701	36,771
2030年		119,125	13,212	68,754	37,160
2035年		115,216	12,457	64,942	37,817
2040年		110,919	11,936	59,777	39,206
2045年	②	106,421	11,384	55,845	39,192
30年後比較	②－①	－20,674	－4,561	－21,437	5,324
	②／①－1	－16.3%	－28.6%	－27.7%	15.7%
構成比	2015年	100.0%	12.5%	60.8%	26.6%
	2045年	100.0%	10.7%	52.5%	36.8%

（資料：国立社会保障・人口問題研究所「日本の地域別将来推計人口」）

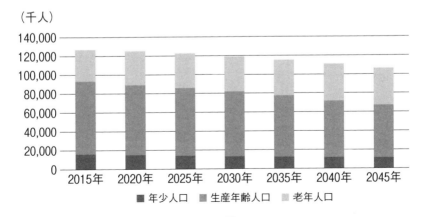

1.4

事業性評価が必要とされる背景③
企業支援の課題

●中小・零細企業を取り巻く重大事項と公的支援

　1992年のバブル崩壊以降，中小・零細企業が窮地に陥る出来事が起きました。それは，1999年に金融庁検査官が金融機関の健全度を検査する際に用いる「金融検査マニュアル」の導入です。これにより，金融機関の中小・零細企業に対する融資姿勢は大きく変化し，「債務者区分」により決算書を重視した機械的な融資審査が行われるようになりました。その結果，多くの中小・零細企業が，金融機関から「貸し渋り」「貸し剥がし」を受けて金融支援の道を断たれ，倒産に追い込まれました。

　その後，2002年に，中小・零細企業の経営実態に即して債務者区分を取り扱うよう救済ルールを定めた「金融検査マニュアル別冊」が策定されました。しかし，多くの中小・零細企業の業績は改善せず，2009年には，リスケジュールの申込みがあれば，できるだけ応じるよう努力義務を定めた「金融円滑化法（モラトリアム法案）」が施行されました。このモラトリアム法案は2013年に2度の延長を経て終了となりましたが，それ以降も銀行の対応は，モラトリアム法案の時と同様に，中小・零細企業を支援する姿勢が維持されています。

●事業の中身を分析せずに数字を調整しただけの「経営改善計画書」

　中小・零細企業は厳しい市場環境の中，公的機関や金融機関からさまざまな支援を受けてきました。しかしながら，依然として厳しい経営状態の中小・零細企業が多く存在しているのが実態です。この要因の1つは，今までは経営改善計画書の作成などの「表面的」な支援に留まり，実際の事業を評価して改善するという「中身」の支援が欠如していたためです。業績が低迷している多くの中小・零細企業の経営者は，自社の問題のどこに

原因があるのか，どうすれば改善するのかを理解していません。そのような中で業績が改善するような経営改善計画書を作成しても，数値が改善する根拠となる合理的要因が欠如しているため，単に数字を調整しただけの中身のない計画になってしまいます。そのため，業績が改善されず，金融支援を受け続けなければ事業を継続できない企業が後を絶たないのです。

▶中小企業を取り巻く重大事項と公的支援

1992年	バブル崩壊。以降「失われた20年」
1999年	「金融検査マニュアル」制定
2002年	「金融検査マニュアル別冊」制定
	「金融再生プログラム（竹中プラン）」作成
2003年	再生支援協議会設立
	リレーションシップバンキングの機能強化に関するアクションプログラム
2005年	地域密着型金融の機能強化に関するアクションプログラム
2006年	信用保証協会の保証付融資で，第三者保証人が原則禁止
2007年	「責任共有制度」導入
2008年	リーマンショック
2009年	「金融円滑化法（モラトリアム法案）」施行
2011年	東日本大震災
2013年	モラトリアム法案，2度の延長を経て終了
2015年	森金融庁による「金融行政方針」
2016年	書籍『捨てられる銀行』発行
2019年	「金融検査マニュアル別冊」廃止
2020年	コロナ禍による経済への影響

1.5

「金融検査マニュアル別冊」の恩恵と弊害

●金融検査マニュアル別冊の「恩恵」

　「金融検査マニュアル」の登場で，決算書を重視した融資審査が行われるようになりました。これは合理的な取り組みではあるのですが，結果的に多くの企業が倒産に追い込まれました。その改善策として，数年後に，中小・零細企業向けに「金融検査マニュアル別冊」が公表されました。この別冊によって，経営改善計画書が実抜計画・合実計画と判断された場合，不良債権（要管理先以下）にならないとされました。しかし実際のところ，ただ経営改善計画書を策定さえすれば，概ね「要管理先」は免れる状況になりました。

　これにより，中小・零細企業による経営改善計画書（事業計画書）作成のしくみが確立しました。具体的には，今まで数値に無頓着だった中小・零細企業の経営者は，毎月の業績や事業計画といった「数字」の重要性を認識するようになり，経営改善計画書を積極的に作成するようになったのです。そして銀行は，決算書とあわせて，経営改善計画書をベースに評価し，金融支援の判断を行うようになりました。

●金融検査マニュアル別冊の「弊害」

　恩恵がある一方で，弊害も出てきました。それは，事業計画書という「数字」だけが注目され，事業の中身の改善が疎かになったことです。本来業績を改善させるためには，事業の現状を明らかにし，事業の実態を踏まえた施策を策定して実行する必要があり，事業計画書はこのプロセスを実施した上で策定されるべきものです。

　しかしながら，本来「手段」であるはずの事業計画策定が「目的化」するようになりました。つまり，事業の評価と改善策の吟味が不十分な中で計画書だけを作成するケースが増え，実体を伴わない，施策と数字がリン

クしない，金融機関の都合で作成される計画書が増えていったのです。その結果，経営者側は「計画を作ればいい」，銀行側は「計画だけを見ればいい」という状況に陥ってしまい，肝心の事業の中身が注目されなくなってしまったのです。

▶事業再生のしくみ

あるべき姿	現　状
再生企業	再生企業
<内部環境分析> ● 問題点，強み把握 <外部環境分析> ● 顧客ニーズ，競合状況把握	
<改善施策構築> ● 問題の改善施策 ● 強み活用施策	
経営改善計画策定	経営改善計画策定
改善施策実行	
再生の実現	現状維持 （再生未実現）

1.6

「チェックリスト」では真の事業性評価は難しい

●従来のチェックリストの問題点とは？

　企業の定性分析でよく使われるのが「チェックリスト」です。チェックリストは，各項目に対して実施しているかどうかをチェックしたり，評価点をつけたりする手法です。このチェックリストは，会社全体の情報を収集でき，誰でも手軽に実施しやすいメリットがありますが，反面，大きな問題があります。1つめは，収集できる情報は極めて表面的な内容であり「質」を見極めることが難しいこと，2つめは，ヒアリングで「思考停止」に陥るため収集する情報の正確性に課題が残ること，そして3つめは，ヒアリングの確認事項である「項目」自体が企業価値を見極める内容でなければならず，そのような項目を設定することは非常に難しいことです。

●チェックリストの問題点の具体的内容

　1つめの「質」ですが，定性分析で重要なことは，実施したか否かを確認することではなく，実施している「具体的内容」とその「レベル」を評価しなければなりません。例えば，営業活動では，毎日外出して顧客に訪問している人と，事務所にいる人がいるとします。この場合，チェックシートでは前者は「○」，後者は「×」という，極めて単純な評価しかできません。しかし，毎日外出していても，その営業活動の中身が有益に機能しているとは限りません。例えば，外出の多い営業マンの営業活動が，実際には単にモノを納めるだけの「納品活動」であったり，同じ取引先の仲のいい担当者ばかりを訪問して，新規開拓や横展開を実施していなかったりする可能性もあるからです。この場合，毎日外出していたとしても決して「○」という評価はできません。

　2つめの「思考停止」ですが，チェックリストに示された内容をヒアリングし，それを機械的に「○」か「×」かをチェックしたり点数をつけた

りするだけでは，相手の話す内容を記入するだけの「作業」になり，思考停止に陥ってしまいます。例えば先ほどの例でいうと，営業活動に関する質問で，相手が「毎日数件顧客を訪問しています」と答えると，中身を吟味することなく「○」であったり，訪問数が多いというだけで5段階評価の「5」をつけたりすることもあり得るのです。つまり，単にヒアリングした内容を明記するだけの「作業」ではなく，中身まで掘り下げて見極めるという「思考」をすることが大事なのです。

そして3つめの「項目」ですが，さまざまな企業の事業内容を分析して評価するには，膨大な数の企業の，個々で異なる問題の原因をすべて網羅した項目が設定されなければなりません。個々の企業の課題は，例えば営業に問題があったとしても，その原因は営業だけに留まらず，経営手法や組織，経営者個人にも要因が及ぶ場合もあるため，それらを1つひとつ項目として取り上げることは現実的には困難です。また，各項目の重要度はそれぞれの企業で異なり，さらにはKFS（Key Factor for Success：重要成功要因）も企業によって各々異なります。そのため，各項目を一律に重みづけをして同じ評点にする方法では，正確な評価は難しいといえます。

▶チェックリストの問題点

①　収集できる情報は表面的で，事業の「中身」を把握して「質」を見極めることが難しい
②　相手の話を記入するだけの「作業」になり「思考停止」に陥り，収集する情報の正確性に課題が残る
③　「項目」自体が企業価値を見極める内容になっておらず，企業価値を見極めるための項目の作成は非常に難しい

1.7

経営者の多くは自社の問題点と強みを理解していない

●「事業運営の知識」と「経営判断に必要な知識」とは異なる

　中小・零細企業の経営者の多くは，自身が最も会社の現状を理解していると思っています。確かに中小・零細企業の経営者は，事業に関する知識が豊富で，事業全体を最もよく把握している場合が多いです。また，社長自身がプレイヤーとして活動している場合も多いため，業務レベルまで詳細に把握していることも少なくありません。

　しかしこれは事業を運営していくための知識やノウハウであり，本来経営者として把握すべき，経営判断に必要な知識ではありません。

●自社の問題点と強みをわかっていない経営者

　経営者の本来の役割は，会社内部の情報や顧客の状況などを常に把握し，その状況に応じてさまざまな改善や成長の施策を打ち出すための経営判断を行って現場を動かすことです。例えば，非効率な業務や顧客のニーズに未対応である等の問題点をタイムリーに把握し，それらを改善するための対策を打ち出し，実行に移す必要があるわけです。

　つまり経営者は，自社の現状を把握していること，そして日々変化する顧客のニーズを把握することが重要で，それらを踏まえ，問題点は速やかに改善し，顧客のニーズに合わせた施策を速やかに打ち出すこと，さらには市場の変化に対応した新たな一手を打ち出すことが求められます。

　経営者は，これらの経営判断を行うための知識が必要であり，「会社を理解する」とは「会社の『問題点』と『強み』を理解する」ということです。そしてこれらの知識や情報に加え，PLやBS，試算表などで経営状況を把握しながら，タイムリーに施策を打ち出していくのです。

　しかし，多くの中小・零細企業の経営者は，これらを把握できていないのが現状なのです。

▶経営者が本来理解すべき知識・情報

> 中小・零細企業の経営者は，
> 自身が一番会社を理解していると思っている

しかし

> 経営者が理解しているのは「事業運営」の知識

社長が本来理解すべき内容は？

> 経営者が理解すべきは「経営判断」に必要な知識・情報

経営判断に必要な知識・情報とは？

> 【経営判断に必要な知識・情報】
> ①　自社の問題点，強み
> ②　経営状況（PL，BS，試算表等）
> ③　市場（顧客ニーズ）とその変化

しかし

> 経営者はこれらの知識・情報は理解していない

1.8

なぜ事業再生，経営改善は進まないのか

●経営改善，強み活用の施策を打ち出せない経営者

　前述のとおり，中小・零細企業の多くの経営者は，自社の問題点や強み
を理解していません。これらを理解していないから，問題点の改善のため
の施策や，強みを活用した施策を打ち出すことができないのです。その結
果，業績悪化の原因を抱えたままの状態で日常の運営を繰り返すことにな
るため，特需や市場環境が上向くなどの外部環境が変化しない限り業績は
改善しません。さらに，強みを活かした，市場やニーズの変化に対応した
施策を打ち出すことをせず，既存顧客に対して従来どおりの商品・サービ
スを提供するだけになるため，売上は減少していき，業績はますます悪化
していくのです。これが，中小・零細企業が陥っている現状です。

●経営状況を常に把握するしくみ「経営のPDCAサイクル」

　タイムリーに問題点や顧客ニーズを把握するには，いわゆる「PDCAサ
イクル」を回すことがポイントです。PDCAとは，経営だけでなく，品質
管理や業務改善レベル，個人のスキルアップなど，さまざまな問題解決や
成長，価値向上の基本サイクルです。

　経営面でPDCAサイクルを回すためには，右図のとおり経営状況を常に
把握するための「経営のPDCAサイクル」を実施することがポイントです。
このプロセスを定期的に実施することで，タイムリーに現場の情報（問題
点，顧客ニーズ，競合他社情報等）を把握し，経営者自身で市場全体の動
きを捉え，その上で改善策等の施策の構築と実行を繰り返すことが可能と
なります。逆にいうと，このサイクルが回せていない経営体制では，問題
点が放置されたまま事業を運営し続けるため業績は改善せず問題が蓄積
されてしまうため，また，市場環境の変化や顧客ニーズに対応できず顧客は
離れていくため，再生企業に陥っていきます。

　なお，経営のPDCAサイクルでは，試算表による毎月のPLやBSの状況を把握することが必須です。試算表で現時点の経営状況の「結果」を見た上で，その結果を招いた原因となる現場の状況を把握し，改善につなげるのです。試算表を発行していない中小・零細企業も数多く存在しているため，まずはそこから改善する必要があります。

▶経営状況を常に把握するための「経営のPDCAサイクル」

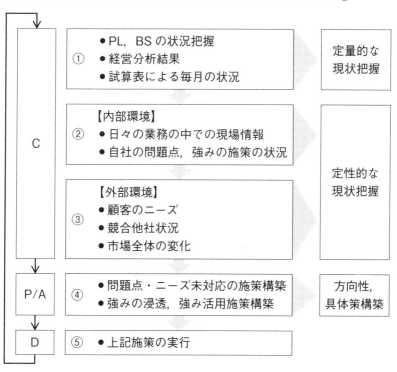

1.9

中小・零細企業の経営改善は「問題解決」と「強み活用」

　経営改善・事業再生の手法は大きく2通りあります。1つは「問題解決」，もう1つは「強み活用」です。

●問題解決とは？

　1つめの経営改善手法である「問題解決」とは，文字どおり企業内のさまざまな問題を解決することです。中小・零細企業には，経営・組織・人事・営業・製造といったさまざまな内部環境にいろいろな問題点とその原因が潜んでいる場合が多くあるため，1つひとつ丁寧にヒアリングを行って現状をあぶり出していく必要があります。

　例えば業務ルーチンが煩雑で生産性が低い場合，各業務のフローの中から無駄を排除して効率化を図り，経営のスピードや生産性を上げる方法があります。具体的には，情報を紙の管理からデータ化する，業務ルーチンを見直してバラバラだった組織間連携のフォーマットを一覧できるように見直すなどです。これだけでも大幅に時間を短縮することができ，業務の質とスピードは向上します。さらには，クラウドなど新たなシステムを導入して業務フロー全体を一気に見直すことも必要な場合があります。

　また，スキルの低い作業員の手待ちが多くコスト高という問題があれば，作業員のOJT強化によりマルチタスク化を図って手待ちを排除し，コスト削減とあわせて生産性向上を実現させることができます。

　その他，組織体制が多階層で現場の情報が経営幹部に届かない，あるいは現場の提案が経営幹部に到達するまでに時間がかかる，という問題があれば，組織を簡略化して現場と経営幹部が直接情報をやり取りできるという，新たな体制を構築することも必要になってくるでしょう。

●強み活用とは？

　もう1つの経営改善手法は「強み活用」であり，自社の強みを活かした施策のことです。

　強みを活用するための戦略は大きく3通りあります。1つめは，自社の強みを徹底的に市場に浸透させて既存顧客のリピート化を図ること（市場浸透戦略），2つめは，自社の強みを活かせる新たなターゲットを設定し，新市場を開拓すること（新市場開拓戦略），そして3つめは，自社の強みを活かして新たな商品・サービスを開発・展開し，従来のターゲット以外の顧客を獲得すること（新製品開発戦略）です。

　このようなさまざまな戦略で自社の強みを活用することで，売上や利益の向上だけでなく，企業価値を向上させることができます。

　なお，強みを効果的に発揮するためには「顧客ニーズ」に対応していることが必須の要件になります。「顧客ニーズへの対応」とは，顧客が求める商品・サービスを提供すること，さらに顧客満足度を向上させることです。市場環境が急速に変化し，ニーズが多様化している昨今では，いかにニーズを捉えるかが極めて重要になります。1社1社，1人ひとりの個別のニーズに適合するためには，場合によってはカスタマイズする必要が出てきます。日常の取引の中で既存の商品やサービスと顧客のニーズが合致しないケースは多々あるため，値付けの問題も出てきますが，可能な範囲でニーズに対応することで，売上や利益向上を図ることができます。

▶経営改善・事業再生の手法

---

(1)　問題解決
(2)　強み活用と顧客ニーズへの対応
　①　市場浸透戦略
　②　新市場開拓戦略
　③　新製品開発戦略

COLUMN

事例1　デイサービス

売上高	1億円	借入金	6,000万円
社員数	20名	社長	30代男性

　デイサービス2店舗を運営する企業の事例です。

　同社の収益状況は，売上が安定せず，5年連続で営業利益マイナスが続いています。その原因は，同社は創業間もないため知名度が低く，実際に顧客を紹介してくれるケアマネージャーとの関係性が構築できていないためです。近隣に競合のデイサービスが多く，そちらに顧客が流れているのです。しかし，同社は営業活動を行っておらず，ホームページは10年ほど前に作ったまま更新していません。また，営業ツールも会社案内のみで，内容は薄く，これを読んでも同社の特徴が理解できません。

　同社の強みは，他の施設では敬遠されがちな，生活保護の高齢者を積極的に受け入れていることです。また，徘徊高齢者の一時預かりの対応，医療機関同行サービス，外出サービスや，多様なレクリエーションも実施しており，高齢者や家族からの受けがよく，リピート率も高くなっています。近隣の競合他社は，生活保護や徘徊高齢者の受入れをしておらず，ケアマネージャーは常にこのような受入れ先を探すのに苦労しています。

　同業種のビジネスのポイントは，依頼元であるケアマネージャーに，同社の強みを理解してもらい，安心して同社に依頼できるようにすることです。

　改善策としては，まずは同社の強みで，かつケアマネージャーのニーズである「生活保護受給者の受入れ」「徘徊者の一時預かり」等を前面に出す営業ツールを作成し，これを商圏内のケアマネージャーに配布します。これでケアマネージャーは同社の強みを理解することができます。そして毎月定期訪問の営業活動を行い，ニュースレターを配布して活動状況を知らせます。このような活動を続けていれば，ケアマネージャーとの関係性を維持することができ，安定した売上を確保することが可能となります。

第2章　事業性評価のモデル「事業再生コンサルティング」の仕事

2.1

事業再生コンサルティングの仕事とは

　銀行員が目指す事業性評価は，事業再生コンサルティングで行う事業デューデリジェンス（企業の事業面を調査して事業調査報告書を作成するコンサルティング）に近い内容です。そこで本章では，事業再生コンサルティングの業務について説明していきます。

　事業再生コンサルティングの仕事は，企業の業績を改善して経営を安定させることです。「専門コンサルティング」との違いは，経営・組織，人材，営業，製造など，企業全体のあらゆる機能を対象に支援を行うことです。そして「経営コンサルティング」と異なる点としては，対象企業が「再生企業」であることです。再生企業とは，主に業績低迷で赤字が続き，資金繰りも厳しくなって金融機関向けに約定返済が困難な状態に陥った企業を指します。

　事業再生コンサルティングの手法は主に3つのステップで実施します。

　1つめは「事業デューデリジェンス」です。再生企業の事業面と会計面の調査・分析を行い，企業の課題と強みを整理して再生の施策の提案を行って「事業調査報告書」にまとめます。この事業調査報告書が，本書の主題である「事業性評価」と類似した内容になります。

　2つめは「経営改善計画書」の作成です。事業調査報告書で提案した内容をアクションプランに落とし込み，このアクションプランを踏まえて，向こう3〜5年間の将来のPLを作成します。なお，アクションプランとは，再生に向けた施策のスケジューリングであり，ここで施策の優先順位を決め，いつ・誰が・何をするかを明確にします。

　3つめは「実行支援」で，主に作成したアクションプランの実現に向けた支援を行います。その他，日々発生する課題の解決策の提案，現場に落とし込むための具体的な支援も行います。

2.2

デューデリジェンス（DD）とは

　デューデリジェンス（Due Delligence）とは，対象となる企業を調査し，評価することです。事業再生コンサルティングのほか，M&Aや投資でも実施されるものです。デューデリジェンスは「DD（ディーディー）」と省略して言うこともあり，本書ではこれ以降は「DD」と明記します。

　DDの種類には，主に事業DD，財務DD，法務DDなどがあります。

　事業DDは次項で詳細に説明します。

　財務DDは，会計士や税理士等，会計・税務の専門家が担当するもので，主に資産を再評価して「簿価ベース」の決算書を「実態ベース」に作り直すことです。特に中小の再生企業のBSは実態と乖離している場合が多いため，この財務DDによって現時点の企業の財務体質の実態を明らかにします。例えば，取引先の倒産等で入金できない売掛金の削除，土地の現在価値への再評価，等です。なお借入過多で再生企業に陥った企業の場合，簿価で資産超過であっても，実態BSに再評価すると債務超過となるケースも少なくありません。その他，粉飾決算や簿外債務がないかを調査したりするのも，財務DDが担当する領域になります。

　法務DDは，主に法律の専門家である弁護士が担当し，法的権利の有効性の評価や係争事件の有無，偶発債務等の潜在的な法務リスクの有無などについて確認していきます。例えば，契約書の内容についてチェックし，M&A等で買収された場合に，COC条項（Change of Control：経営権の移動が生じた場合に契約内容に制限がかかる）や，その他買収企業にリスクがないか等を確認します。

　一般的に事業再生で実施されるのは，事業DDと財務DDです。これに経営改善計画書を加えて「3点セット」と呼ばれることもあります。

2.3

事業DDの手法と目的

●事業DDの３つの手法

　事業DDとは，対象となる企業の事業面について調査・分析を行い，事業面の再生への提案を行うことで，主に事業再生コンサルタントや中小企業診断士が担当します。

　事業DDは主に３つのアプローチ方法があります。

　１つめは「ヒアリング」で，経営者や経営幹部，各事業の管理者などから情報を収集します。収集する内容は，経営や組織，人事，営業，製造，店舗など，会社の機能全体が対象となり，これらの各機能を詳細にヒアリングして問題点や強みを抽出していきます。このヒアリングによる内部環境分析が事業DDの要になります。

　２つめは「施設・設備，各種ツール，IT化の調査」で，設備や施設の使用状況，ルーチン業務や販促で使用するツールや資料関係，そしてIT導入状況などの調査です。例えば，設備の稼働率がどの程度か，ツールや資料関係の不備はないか，そしてIT化の遅れで多くの無駄が生じ，生産性低下を招いていないか，などです。多くの中小・零細企業では，設備が不十分で労働集約型であり，また，数値を手書きで管理するところもあるため，生産性低下を招いています。

　３つめは「PL/BS，その他のデータの調査」です。例えば，経営分析を行うために，決算書や顧客別・商品別の売上推移の資料を確認します。事業DDでは，まずは決算書を使って経営分析を行って定量面で悪化している箇所を把握し，ヒアリングで定性面からその原因を確認します。

●事業DDの目的

　事業DDの目的は，問題点を抽出してその原因を究明すること，強みを抽出すること，そして企業の経営改善や強み活用の実現につなげるための

戦略と戦術（具体的施策）を提案することです。しかしコンサルタントの中には，事業DDを「さまざまなフレームワークを駆使して分析するもの」と考えている人も多くいます。フレームワークを活用したところで，問題の原因や強みが見出せなければ意味がありません。

　また，一般的に事業DDでは，再生に陥った「窮境要因」が注目されます。しかし中小の再生企業の場合，経営や組織，営業など，さまざまな機能で多くの問題を抱えているため，再生に陥った要因を「窮境要因」という1つに特定することは難しいのが現状です。そのため，窮境要因ではなく，問題点をあぶり出した後，それらの原因に注目し，その問題の原因に対する改善策を実行することが重要です。例えば「営業成績低下」という問題点がある場合，その原因は，営業の手法が効果的でなかったり，営業の管理体制に問題があったり，あるいは組織体制に問題があったりとさまざまである場合が多いため，これらの原因を1つひとつ丁寧に改善していくことが大切です。

▶事業DDの3つの手法

①	経営者や経営幹部，各事業の管理者からのヒアリング
②	施設・設備，ITの調査
③	PL/BSの経営分析，各種資料の確認

▶事業DDの目的

- 問題点の抽出と原因の究明
- 強みの抽出
- 経営改善，強み活用の戦略と戦術の提案

2.4

実行支援の概要と役割

●実行支援の概要

　実行支援とは，再生企業等の業績が悪化した企業に対し，実際の現場で支援を行うコンサルティング手法です。

　経営改善のための具体策を提案しても，中小・零細企業の経営者が自力で実行に移し，成果を出すのは難しいのが現状です。その理由はさまざまで，中小・零細企業はヒト・モノ・カネの経営資源が不足していることや，経営者自身のスキル・統率力に課題があることです。また，IT化の遅れにより社員の業務量が増え，社員は目の前の作業で手一杯な状況にあるため，社長が指示を出しても実施できないことが多くあります。また，資金力も乏しいので，改善のための投資や販売促進に費用を負担する余裕もありません。そのため，具体的に改善施策を構築し，現場で実行して確実に成果を出していくためにコンサルタントの支援を受けるというのが，実行支援です。

●実行支援の役割は，再生・自立・成長の実現

　実行支援の役割は大きく3つあります。

　1つめは「経営改善・業務改善（再生）」です。事業DDで抽出したさまざまな問題点について改善することで，経営や業務の効率化と品質向上を図ります。

　2つめは「自立」です。自立とは，コンサルタントがいなくても企業自身で問題を改善し，品質向上を実現していくための「しくみ作り」を指します。これには，現行のしくみや施策の問題点を改善したり，ITを導入するなどで新たにしくみを構築したりする方法があります。例えば，中小・零細企業の場合，経営や業務のしくみが不十分であり，個々の社員が属人的に実施している場合も多くあります。これらを，業務内容を見える

化し，組織体制や業務フローを見直し，役割を明確化して「しくみ化」することで，自立した運営が実現します。

　3つめは「成長」です。成長とは，売上・利益をアップさせて企業価値を向上させることです。目の前の業務で手一杯であった社員も，業務や組織のしくみを見直して効率化を図り，生産性が向上すると，時間的・精神的に余裕がでてきます。そうすると，次のステップである成長に向けての取り組みが実施しやすい状況が生まれます。

　成長のための戦略には大きく4つあります。1つめは自社の強みを明確にし，その強みを改めて取引先に浸透させる営業・販促活動を行う「市場浸透戦略」。2つめは，既存の市場に強みを浸透させた後に，新たな市場（地域・顧客層）に向けて活動するという「新市場開拓戦略」。3つめは，自社の強みを活かした新たな製品・サービスを開発し，既存顧客や新規顧客に販売する「新製品開発戦略」です。そして4つめが，新市場に新たな製品を投入する「多角化戦略」です。

　このように，実行支援を行うことで，企業の再生・自立・成長の実現を図っていきます。

▶実行支援の役割

① 再生（経営改善）	●経営・組織，業務の問題解決 　－経営や業務の効率化と品質向上
② 自立	●経営・業務のしくみ化 　－経営・組織体制の確立 　－役割の明確化 　－業務フローの確立
③ 成長	① 市場浸透戦略 ② 新市場開拓戦略 ③ 新製品開発戦略 ④ 多角化戦略

2.5

再生コンサルティングの実態①　事業DD・実行支援

●事業DD（事業調査報告書）の実態

　本章ではこれまで事業再生コンサルティングの業務内容について説明してきました。しかしこれらはあくまで「望ましい姿」であり，実態とはかけ離れているのが現状です。

　まずは事業調査報告書の実態ですが，1つは定量分析（数値の分析）が中心で定性分析がほとんど実施されないことです。また，外部環境分析が中心で，再生の本質的な材料となる内部環境分析が不十分なケースも多くあります。その他，内部環境分析を実施しても，単にフレームワークを活用して「情報整理」しているだけで，問題点やその原因，強みを抽出するための「分析」レベルに到達していない報告書もあります。

　多くの事業調査報告書は，上記のいずれかに該当しているのが現状です。そしてこれらの報告書に共通しているのが，再生に向けての具体的な提案（答え）が明記されていないことです。仮に提案内容が明記されていても，それは「新規顧客を開拓する」など，どの企業にも当てはまる内容に過ぎません。つまり，事業の中身の把握が不十分で，再生に陥った問題点の原因や，その企業の強みが抽出できていないので，再生のための施策を構築することができないのです。「見た目」はきれいに整理されていたとしても，「中身」がないのです。

　「こうすれば企業は再生する」という具体的な提案がなければ，再生企業の社長は再生に取り組むことができません。そのため，膨大な費用をかけて事業DDを受けても，再生が実現しないのです。

●実行支援の実態

　実行支援も，望ましい姿と実態とでは大きく乖離しています。例えば，定期訪問によるコンサルティングも，「モニタリング」といって単に企業

に訪問してアクションプランをチェックするのみで，実際の支援はほとんど行われていません。また，中小・零細企業の実行支援のコンサルティングでは，社長に対して「指摘のみで答えを出さない」「ヒントしか言わない」というケースが多く見受けられます。また，社長の「どうすれば改善しますか？」という問いに対し，コンサルタントは「それを考えるのは社長でしょ？」と答えるのがごく自然で正当なものと考えています。これは「答えを出すと社長が考えなくなる」という上から目線の理由からですが，実際にはコンサルタント自身が答えを持っていないのです。

　再生コンサルタントは「企業の医者」です。病気を患った患者が医者に「どうすれば治りますか？」と問いかけて，医者が「それを考えるのは患者のあなたでしょ？」と答えることなどあり得ません。また，再生企業（患者）が求めているのは，再生の具体的な提案と実行支援（治療）であり，どうすれば再生できて成長できるのか（どうすれば完治して元気になるのか）です。これが顧客のニーズです。今の時代，顧客のニーズを無視して成り立つ事業などあり得ないはずですが，コンサルティングはその取り組み内容がブラックボックスであるため，未だにこのような状況が続いているのです。

▶事業再生コンサルティング（事業調査報告書）の実態

- 定量分析が中心で，定性分析が不十分
- 外部環境分析が中心で，再生の本質的な材料となる内部環境分析が不十分
- フレームワークによる「情報整理」が中心で「分析」が不十分
- 再生のための具体的施策が明記されていない，あるいは一般論に過ぎない内容

▶事業再生コンサルティング（実行支援）の実態

- 「モニタリング」はアクションプランの進捗管理のみ
- コンサルタントから具体的な改善策が提示されない
- 指摘のみ，ヒントしか言わない，具体策は社長が考えるべきと主張

2.6

再生コンサルティングの実態②　経営改善計画書

●経営改善計画書の目的

　経営改善計画書の目的は，大きく3つあります。

　1つめは，再生のための定量的な目標（ゴール）を設定することです。経営には戦略・戦術といった定性面での方向性と具体策を明確化することが重要なのですが，それらを効果的に実行するためには目標となる数値が必要です。そして定量面と定性面の双方の目標を組織全体で共有することで社員を巻き込みやすくなります。

　また，社員が参加して具体的な戦術（施策）をブラッシュアップすることで施策の精度を向上させることができます。こうして戦略・戦術を具体化することによって，どの程度売上と利益が見込めるかの数値計画（定量目標）の精度も高まります。

　2つめは，経営のPDCAサイクルを回し，現場の状況に合わせたタイムリーな軌道修正を行いやすくすることです。戦略・戦術を踏まえた計画があれば，振り返りの際に，例えば実績が計画を下回った場合，なぜ計画が達成できなかったのかの差異分析がしやすくなり，期中で施策の軌道修正を迅速に実行することができるようになります。

　3つめは，銀行に計画を理解・納得してもらい，必要な金融支援を得ることです。多くの再生企業は，約定どおりの返済が困難な経営状態に陥っているため，金融機関の支援が不可欠です。その支援を得るためには，経営改善計画書は不可欠です。

●経営改善計画書の実態

　経営改善計画書を，上記の目的を果たす内容にするためには，企業の実態に合わせた計画であること，「戦略と戦術（定性）」と「計画値（定量）」が紐づいていること，社長自身が計画値を理解していること，日常で経営

のPDCAサイクルを回せることがポイントになります。

　しかし，現状の経営改善計画書は，前述のようなあるべき姿で作成され
ているケースは非常に少ないのが実状です。例えば，施策を構築せずに数
字だけ作成したり，過去のPLだけを見て機械的に数値を調整したりして
いるケースが多くあります。また，コンサルタントが経営者を巻き込まず，
金融機関の約定返済に合わせた計画を作成したり，資金調達のために根拠
のない売上計画を策定したりすることもよく目にします。経営者自身が計
画を理解していない場合も多いのが現状です。その結果，施策と計画がリ
ンクしておらず，計画が単なる数値を調整した中身のないものになるため，
経営に活かすことができなくなります。このようにして経営改善計画書が
有名無実化していくのです。

▶経営改善計画書の実態

【望ましい経営改善計画】

- ●企業の実態に合わせた計画であること
- ●戦略と戦術（定性）と計画値（定量）が紐づいていること
- ●社長自身が計画を理解できていること
- ●計画値を使った経営のPDCAサイクルが回せていること

【実際の経営改善計画の実態】

- ●施策を構築せずに計画を作成する
- ●過去のPLだけを見て機械的に算出する
- ●企業の実態ではなく，返済に合わせて計画が策定される
- ●銀行員やコンサルタントが作成し，経営者が計画を理解していない
- ●経営者が計画値と実績の差異分析を行わない
- ●施策と計画がリンクしていない

2.7

事業性評価には事業再生コンサルティングのノウハウが必要

●専門知識，数字だけでは事業再生コンサルティングは難しい

　経営に関する書籍に書かれている知識や教科書レベルの机上の知識だけでは，事業再生コンサルティングの実務は困難です。なぜなら，机上の知識と現場で必要な実践スキルはまったく異なるからです。つまり，知識だけを習得しても，現場のコンサルティングは難しいのです。

　これは事業再生コンサルティングだけの話ではなく，すべての仕事にも当てはまります。例えば料理では，料理学校をトップの成績で卒業しても，実際に料理を作ったことがなければプロの料理人にはなれません。このようにどんな業務でも，ベースとなる知識を身につけ，その上でさまざまな実体験を積んで実務上のさまざまなノウハウである「実践スキル」を高めることで，初めてプロのレベルに到達するのです。

　つまり，基本的な知識だけでは実践では不十分であり，この基本の知識に加えて，繰り返し実務を行って実践のノウハウを積み重ねていき，さまざまなノウハウを習得して実践スキルを向上させて，初めてプロの事業再生コンサルタントになれるのです。

●事業性評価は，事業再生コンサルティングのノウハウが必要

　そして事業性評価を行うには，本来であれば，事業再生コンサルティングのスキルと同様の，経営の専門知識と高い実践スキルが必要になります。しかし銀行員は，コンサルティングの実践を多く経験した人はほとんどいないのが現状だと思います。また，この「実践スキル」というのは，現場のコンサルティング実務における「ノウハウ」のことであり，より多くのノウハウを身につけるほど，高い実践スキルを習得している状態になります。

　そしてこのノウハウの中身は，現場で得られるものが暗黙知化されたものであるため，その暗黙知を形式知として「見える化」すれば，誰でもすぐにそのノウハウを活用することできるのです。

　そこで本書は，事業性評価に必要な，事業再生コンサルティングのノウハウを，後述する事業性評価シートで「見える化」しています。そのため，事業再生コンサルティングの初心者でも，ある程度質の高い事業性評価が行えるようになります。

▶ **事業性評価スキル**

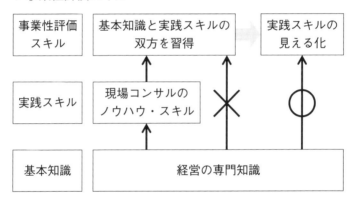

┌─────────────────┐
│ C │O │L │U │M │N │
└─────────────────┘

事例2　金属加工

売上高	3,000万円	借入金	5,000万円
社員数	社長のみ	社長	20代男性

　旋盤加工専門の金属加工会社で，旋盤装置2台を保有しています。

　同社は社長1名の小さな町工場で，事務員もいないため，社長が製造活動，営業活動，金融機関への対応などすべてをこなしています。

　社長の技術力は非常に高く，旋盤加工のみで，薄物・深穴・複雑な形状の加工が可能であり，また，樹脂から被削材までさまざまな素材に対応できます。さらに，他社が受けないような，30年以上も前の図面の製品化を依頼されるケースもあり，それらにしっかりと対応することで顧客の信頼を得ています。しかし，本業界は価格競争が激しく，営業利益はマイナスが続いています。材料は顧客から支給されるため材料費はほとんどなく，主な原価は社長の人件費で，限界利益率80～90%と極めて高い，高固定費のビジネスモデルとなっています。売上上位の得意先は固定化されていますが，売上の変動が大きく安定していません。また，従業員はおらず社長1人で設備も限られるため，量産品の注文は来ません。そのような中，難易度の高い個別案件を，量産品と同等の，ほぼ顧客の言い値の低利益率で受注しているのです。同社のビジネスモデルは高付加価値モデルであり，少ない案件を高利益率で受注しなければビジネスとして成り立ちません。

　改善策は，難易度の高い加工の案件は十分な高利益率で受注することです。社長自身は失注することを懸念していますが，安値の案件であれば失注してもいいという覚悟が必要です。また，昔の図面の加工で悩んでいる会社をターゲットにして，ホームページやSNS等で，同社の技術を具体的に明文化し，事例を掲載することで，同社の価値を見える化します。こうした取り組みにより高付加価値をウリにして新たな顧客から受注することで，高利益率の案件を増やし，全体の収益の安定化を図ります。

第3章　事業性評価に必要な「中小・零細企業と大企業の違い」

3.1

中小・零細企業者の定義

●中小企業者・小規模企業者の定義

　中小企業基本法で定める中小企業者の定義は，資本金の額又は出資の総額，あるいは常時使用する従業員数で区分されます。製造業その他は，資本金が３億円以下あるいは常時使用する従業員数300人以下で，卸売業が同様に１億円以下あるいは100人以下，サービス業が5,000万円以下あるいは100人以下，小売業が5,000万円以下あるいは50人以下となっています。

　一方で小規模企業者の定義は，常時使用する従業員数で規定されており，製造業その他は20人以下，卸売業・サービス業・小売業がいずれも５人以下となっています。

●中小企業者・小規模企業者の数と割合

　中小企業者・小規模企業者の数は，2016年で357.8万者であり，企業全体の99.7％を占めています。そのうち小規模企業者数は304.8万者であり，全体の84.9％を占めています。一方で，大企業の数は１万1,157者で，全体でわずか0.3％になっています。

　このように，日本国内の企業のほとんどが中小企業者・小規模企業者であり，特に小規模企業者数約85％と圧倒的に多くなっています。また，2016年の中小企業者・小規模企業者数は，2014年よりも▲23.1万者と，２年間で大きく減少しています。さらに，小規模企業者は２年間で▲20.4万者となっています。日本の99.7％を占める中小企業者・小規模企業者がいかに元気になるかが非常に重要であることがわかります。

　なお，本章で示している「中小・零細企業」とは，一般的な呼称である「中小企業」と「零細企業」を合わせたものであり，この定義の中では「小規模企業者」および「中小企業者」を合わせたイメージで理解していただければと思います。また，本書に出てくる「大企業」という表記は，「中

小企業者」の出資総額・従業員数の定義を超えた大規模な企業を概念的に「大企業」と示しています。

▶中小企業基本法で定める中小企業者，小規模企業者の定義

業　種	中小企業者 （下記のいずれかを満たすこと）		小規模企業者
	資本金の額又は 出資の総額	常時使用する 従業員の数	常時使用する 従業員の数
①　製造業，建設業，運輸業その他の業種（②〜④を除く）	3億円以下	300人以下	20人以下
②　卸売業	1億円以下	100人以下	5人以下
③　サービス業	5,000万円以下	100人以下	5人以下
④　小売業	5,000万円以下	50人以下	5人以下

（出典：中小企業庁ホームページ）

▶中小企業者・小規模事業者の数と割合

	2014年	2016年	増減数（率）
中小企業者・小規模企業者	380.9万者 （99.7%）	357.8万者 （99.7%）	▲23.1万者 （▲6.1%）
うち小規模企業者	325.2万者 （85.1%）	304.8万者 （84.9%）	▲20.4万者 （▲6.3%）
大企業	1万1,110者 （0.3%）	1万1,157者 （0.3%）	＋47者 （＋0.4%）
全規模（大企業と中小企業者・小規模企業者の合計）	382.0万者	358.9万者	▲23.1万者 （▲6.1%）

※（　）は企業全体に占める割合　　　　　　　（出典：中小企業庁ホームページ）

3.2

市場環境の変化に取り残される中小・零細企業

　かつての大量生産，大量消費の時代は，モノが不足し，市場に出回るのは大企業の製品が中心で，競合他社も少ない状態でした。また，市場に出回る情報が少なく，メーカー側と消費者側で情報格差も大きいため，消費者の選択肢は少なく，メーカーと消費者は「１対多」の関係にありました。さらに，消費者は物欲が強く，より良いモノを追い求める一方，顧客ニーズは画一的で，メーカーは「作れば売れる」「商品を出せば売れる」，そして営業マンは飛び込みでも「行けば売れる」時代でした。

　現在は，モノは溢れ，モノの高品質化・低コスト化が進み，高品質は当たり前で，かつての消費者が求めた「便利なモノ」や「美味しいモノ」が簡単に手に入るようになりました。そのため消費者の物欲は弱まり，本当に欲しいものだけを求めるようになっています。また，ネット社会で情報は溢れ，消費者は簡単に情報を入手できる環境になったため，消費者の見る目は向上して情報の格差が縮小し，ニーズも多様化しています。また，スマホ１つで世界中の人々と１対１でつながる時代になり，そして市場はグローバル化，異業種参入で競争相手は世界に拡大し，ますます高機能競争と低価格競争が激化しています。さらに，新型コロナウィルスの影響で市場環境や世の中の価値観も激しく変化しています。

　このような環境の変化の中，消費者の購買傾向は「安さ」と「自身にとって価値のあるモノ」の二極化しています。そして大企業は，仕入コストと生産コストを抑え，高機能な製品を低価格で販売できる体制を構築しています。そのため中小・零細企業は，大企業に価格競争を挑んでも絶対に勝ち目はありません。独自の「価値」を見出し，多様化するニーズに対応して，絞り込んだターゲットに向けて，高価格で販売しなければ，生き残ることは難しくなっています。

3.3

中小・零細企業と大企業のさまざまな違い

　中小・零細企業と大企業では，実は経営の参考書等では書かれていないさまざまな違いがあります。そして経営の参考書等に書かれている内容の多くは大企業に関するものであり，中小・零細企業には当てはまらないケースも少なくありません。

　コンサルティングを行う場合，中小・零細企業と大企業では視点が大きく異なります。具体的には，大企業のコンサルティング（戦略系）では，市場環境や競合他社情報，社会情勢や法律関係といった「外部環境」を分析することが重要になります。一方で中小・零細企業のコンサルティングでは「内部環境」に注目して分析することがポイントです。なぜなら，中小・零細企業は自社の問題点や強みが見える化されていないため，それらを丁寧に抽出して問題解決や強み活用の施策を実施しなければ，業績は改善せず，企業価値も向上しないからです。

　中小・零細企業の事業性評価も同様に，内部環境をいかに丁寧に分析するかが大切です。そのためには，まずは中小・零細企業の実態を理解し，それを踏まえて評価しなければ正確な事業性評価はできません。

　ここから，中小・零細企業の実態について，大企業と比較しながら説明していきます。

▶大企業との違い

①　所有と経営の一致
②　経営資源が乏しい
③　経営体制不備，社長の役割が大きい
④　組織体制未整備
⑤　戦略より戦術が重要
⑥　設備投資で問題解決できない
⑦　「利益額」より「利益率」を重視
⑧　ブランド力が弱い

3.4

中小・零細企業と大企業の違い①
所有と経営の一致

　中小・零細企業と大企業の違いの最初は，書籍などでもよく取り上げられている「所有と経営の一致」です。大企業の場合，所有と経営が分離されています。企業を所有しているのは株主で，多くの大企業の社長は株主ではなく「サラリーマン社長」であり，株主から経営を任されて事業を運営しています。そのため，いくら業績を悪化させても責任の範囲は限定的で，社長職を退任すればいいだけです。持ち家などの資産や個人の預貯金など，個人の財産を取り上げられることはありません。しかもしっかりと退職金を手にすることができます。つまり大企業の社長の責任の取り方は「退任」であり，個人的に被害を受けることはありません。

　一方で中小・零細企業は大企業と異なり，経営者が大株主で大半の株を保有していることが多いのが特徴です。それゆえに経営者個人と企業は一体であると見なされます。さらに，中小・零細企業が銀行から借入をする場合，経営者個人が連帯保証人であるため，業績悪化で銀行借入の返済ができなくなった場合，法律上は経営者自身が，個人の預貯金や，個人で所有している持ち家・土地などの不動産を売却してでも，会社の借入を返済しなければならないのです。「退任」だけでは済まされません。そのため資金繰りが厳しくなり，金融機関から借入できない状況に陥った場合，経営者の個人資金を会社に投入したり，経営者個人で借入をして会社に投入したりするケースもあります。さらに，家族や親せき，知人から借入することも行われており，もし倒産してしまうと，経営者以外の関係者にも多大な損害を与えてしまいます。

　このように，中小・零細企業の経営者にとって経営というのは，生活のすべてに影響するものなのです。

3.5

中小・零細企業と大企業の違い②
経営体制不備，社長の役割が大きい

　中小・零細企業の多くは，単一あるいは少数の事業を運営する組織体であり，事業規模も小規模です。そのため，市場が安定していれば，現場のルーチン業務を回すだけで一応事業は成り立ち，「経営戦略」などがなくてもある程度経営は持続できます。

　しかし市場環境の変化が激しい昨今では，常に自社と顧客，競合の状況をつかみながら経営判断を行うことが求められます。そのため，市場を捉え，戦略的に運営していなければ，環境変化に対応できなくなります。そして多くの中小・零細企業は，これらの経営体制に不備が多いのが現状です。また，社長の組織の管理・統制が不十分な企業も多いため，新たな方針や戦略を打ち出しても現場が動かない場合も多くあります。

　その他，中小・零細企業は財務基盤が脆弱で，常に経営改善による収益向上が求められる経営状態であるものの，社長自身が財務諸表の知識が不足しており，試算表も未作成など，経営のPDCAサイクルを回す経営のしくみが確立していません。そのため，業績や現場状況のタイムリーな把握や，それに伴う迅速かつ合理的な対策を打ち出すことができません。さらに，経営者を補佐する幹部が不在の会社も多いため，すべて社長の判断に任される企業が多いのです。

　このように，経営・組織体制が不十分で，社長自身も多くの課題を抱えており，右腕となる幹部もいないため，多くの中小・零細企業が環境変化や業績悪化に対応できていません。しかしながら，大企業と異なり人材が限られている以上，これらの課題に主体的に取り組み，解決に導くのは社長しかいません。つまり中小・零細企業というのは，社長の役割は大きく，業績は社長自身の力量次第であるともいえるのです。

3.6

中小・零細企業と大企業の違い③
組織体制未整備

　中小・零細企業の多くは組織体制が十分に整備されていません。例えば，管理者不在，あるいは管理者がプレイヤーのため，部門全体の統制や管理が機能しません。そのため，現場で問題が発生しても改善されない，元々の業務ルーチンに無駄があっても放置される，部門内外で協力体制が築けない等が発生し，業務の品質低下や非効率化を招いてしまいます。また，役割が不明確で業務が属人的なため，社員は個人の都合で勝手に業務範囲を決めてしまいます。つまり，現在担当している業務以外は，上司の指示があってもやろうとしなくなるのです。そのため，組織としての機動力が落ち，柔軟な対応が困難となり，社員自身も成長しません。

　その他，部下や後輩の育成は，大企業では，OJTの体制が取れていて部下の教育は上司や先輩の仕事の一部となっていますが，中小・零細企業では個々の社員に任され，放置されるケースもよくあります。マニュアルも整備されていない場合も多いため，社員の成長スピードが遅く，スキルが低いまま業務を続ける社員も多いのが現状です。

　さらに情報伝達も不十分で，たとえ経営者が新たな戦略や方針を打ち出しても現場には伝わりません。伝わったとしても，社員は従来と変わらない業務を継続するのです。また，現場から業務改善やCS向上といった提案を行う体制もないため，現場の品質向上や効率化が進まず，顧客ニーズの変化にも対応できません。

　以上のように，中小・零細企業は，人材や組織体制の柔軟性が低く，日常のルーチン業務を回すだけの組織に陥ってしまいます。その結果，組織が硬直化してしまい，改革や業務改善，環境変化への対応ができなくなってしまうのです。

3.7

中小・零細企業と大企業の違い④
設備投資で問題解決できない

　事業再生コンサルティングでは，基本的に大企業と中小・零細企業の再生手法は大きく異なります。

　大企業の再生手法は，スポンサーなどが資金を提供し，設備投資で再生を実現できるケースが多くあります。例えば，製造業では，設備を最新のものに一新させて生産性を一気に向上させ，1製品当たりの固定費削減で原価を低減させて，利益を出せる企業に生まれ変わらせることが可能です。資本集約型のビジネスモデルは，機械化による大量生産が前提のため，いかに生産性を上げるかが収益性のポイントになります。また，大規模旅館では，施設を付加価値の高い独自の世界観の建物に再建することで，閑古鳥が鳴く旅館から大繁盛旅館へ一気に生まれ変わることが可能です。

　このようにポイントとなる箇所に資金を投入すれば，短期間で業績をV字回復させることができるのです。

　一方で中小・零細企業の再生企業の場合は，設備投資する資金を受けられることはほとんどないため，大企業のように設備投資で一気に再生させることは困難です。そのため，現行の経営資源の中で再生させなければなりません。具体的には，細かい問題点を1つひとつ解決して，徹底的に経営の見直しや，業務の生産性向上および品質向上を目指します。また，自社の強みを1つひとつ抽出して真の強みを見出し，その強みを磨き上げ，市場に浸透させてブランド力を向上させ，収益力を回復させるのです。

　そのため，中小・零細企業は，コストをかけず，新たな人材を増やすことなく，現状の経営資源の中で丁寧に施策を実施していくという地道な作業が必要になります。そのためには，さまざまな実践的なノウハウやアイデアで具体的な戦術を練り上げることが重要なのです。

3.8

中小・零細企業と大企業の違い⑤ 経営資源が乏しい

　中小・零細企業は大企業と比べて，ヒト・モノ・カネ・情報の経営資源が圧倒的に乏しいのが現状です。

　まずは「ヒト」について，OJTのしくみが不十分なため社員の成長スピードが遅く，スキルにもムラがあます。IT化も遅れており，パソコンを苦手とする社員も多くいます。また，業務内容は「作業」が中心で，日々作業に追われているため，全般的に，戦術の構築などの「思考」の業務を苦手としています。

　「モノ」については，施設や設備が不十分で，かつ老朽化しているケースも多いため，生産性が低い状態です。そのため，大量生産など設備投資が必要な資本集約型産業では中小・零細企業は圧倒的に不利といえます。また商品開発部門がないため，トップの意識が低ければ新商品開発が長期間行われない場合も少なくありません。

　「カネ」については，内部留保と呼ばれる会社内部の現預金は圧倒的に乏しく，正常企業でも赤字が連続するとすぐに資金繰りが厳しい状況に陥ります。また，資金調達の手法が借入などに限定されるため，黒字倒産の恐れも出てきます。

　最後に「情報」では，特に業績などの内部情報が未整備のため，必要な情報が経営に活かされていません。例えば，試算表を発行しない企業が多く，毎月の業績を把握できないため，業績が低迷していてもその深刻度が理解できず，対策を先送りしがちになります。また，原価管理も不十分で，商品別の原価を算出せずに値付けをしていることもあります。特に手作業の多い商品は，労務費が嵩み，粗利レベルでマイナスとなって，売れば売るほどマイナス幅が大きくなるという商品もあります。

3.9

中小・零細企業と大企業の違い⑥
戦略より戦術が重要

　戦略とは，目的（売上や利益，企業価値向上など）を達成するための「方向性」のことです。戦術とは，構築した戦略（方向性）に沿った具体的な手法を意味します。一般的には「戦術より戦略が重要」というのがセオリーです。その理由は，戦術はあくまで戦略を具体化する手段であり，戦略がなければ戦術の方向性が統一されず，方向性がバラバラになり，戦術が無駄に終わることも多くなるからです。

　大企業にとって重要なのは「戦略」になります。なぜなら，企業規模が大きいため，外部環境や業界の成長サイクル（幼年期・成長期・成熟期・衰退期）に大きく影響されるからです。そして経営者や幹部が戦略を立てて，現場の社員が，経営幹部が打ち出した戦略をどのように実現していくかの戦術を構築していくのが通常です。

　一方で中小・零細企業は，「戦略」より「戦術」を重視しなければなりません。もちろん，戦略が大前提となるのですが，中小・零細企業は規模が小さいためこのサイクルや外部環境の影響を縮めることが可能であり，また小回りも利くため戦術を工夫することで一気に業績を向上させることが可能だからです。つまり成熟期や衰退期の業種であっても，優れた戦術によって業績を向上させることは十分に可能なのです。そのため，戦略構築に時間や労力をかけるのではなく，具体的に何をするかという戦術に注力し，時間と労力と知恵を集中させることが重要なのです。

　なお，大企業では戦略は幹部，戦術は社員が構築するというように分担しますが，中小・零細企業では，戦略だけでなく戦術も経営者や経営幹部が構築する必要があります。それは前述のとおり，中小・零細企業には戦術という「思考」の業務を担う社員がほとんどいないためです。

3.10

中小・零細企業と大企業の違い⑦
「利益額」より「利益率」を重視

●「利益額重視」と「利益率重視」のビジネスモデルの違い

　「利益額重視」のビジネスモデルとは，日用品など，主に不特定多数の顧客に対して，安価で低利益率の商品を大量に販売するモデルです。企業が儲けるためには最低でも固定費を賄わなければなりませんが，低い利益率でも大量に販売することで，固定費以上の利益を獲得できるわけです。利益額重視の商品は，例えば，BtoC（一般消費者に販売）や競争の激しい商品，付加価値の低い商品があります。

　一方で「利益率重視」のビジネスモデルとは，限られた顧客に対して，比較的高い価格，高い利益率で少量販売を行うモデルです。利益額重視モデルと異なり，販売数は非常に少なくなります。そのため，少ない売上で固定費を賄えるだけの利益を獲得するためには，1つの商品を高利益率で販売しなければなりません。例えば，特注品や，受注生産品，高付加価値製品，そして工事案件などです。

●中小・零細企業は価格競争に勝てないため「利益率」を重視

　大企業に比べて設備や資金が圧倒的に少ない中小・零細企業は，基本的に「利益率重視」の商売をすることが求められます。しかし実際には，中小・零細企業が価格競争に巻き込まれて安売りを行い，売上は向上しても必要な利益が獲得できずに赤字に陥るケースが多く見られます。

　価格競争では中小・零細企業は大企業には勝てません。なぜなら，大企業は原材料の大量でボリュームディスカウントを受けることができ，また最新の設備でシステム化・自動化も進んでいるため，少ない作業員で，単位時間当たりの生産量を増やせるからです。つまり，仕入コストや生産コストを圧倒的に低く抑えられるのです。

　そのため，次項の「ブランド」に関係しますが，中小・零細企業は，販売数が少なくても，ターゲットを絞り込み，そのターゲットに対して付加価値を付け，高利益率となる高い値付けで販売することが求められます。

　ただし実際には，「高利益額」か「高利益率」かは，細かくは企業規模ではなくビジネスモデルの問題になります。そのため，その企業のビジネスモデルを見極める必要があります。

　例えば，中古車販売事業と自動車整備・鈑金事業の2つの事業を運営している企業があるとします。中古車販売の場合，単なる「仕入販売」であり商品の付加価値を付けることが難しいため，高い利益率で勝負することは困難です。そのため，コストを抑え，販売数を増やして利益額を獲得していく必要があります。一方で整備・鈑金事業の場合，高い技術力等で付加価値を付けて差別化することができるため，数を増やすのではなく，1案件ごとに必要な利益率を獲得していくことが求められるのです。

　このように事業性評価を行うには，事業別にビジネスモデルを評価していくことが重要なのです。

▶利益額重視，利益率重視の説明

利益額重視	大量販売でトータルで高い利益額を獲得
利益率重視	1個，1案件単位で高い利益率を獲得

▶利益額重視，利益率重視の区分

企業規模	大企業	利益額重視
	中小・零細企業	利益率重視
ビジネスモデル	低付加価値モデル	利益額重視
	高付加価値モデル	利益率重視
中小・零細企業の評価	基本的な区分	基本的に利益率重視
	詳細の区分	事業別にいずれを重視するか見極め

3.11

中小・零細企業と大企業の違い⑧
ブランド力が弱い

●中小・零細企業はブランド力が弱く，成長戦略の実現が困難

　中小・零細企業は大企業と比べてブランド力が低いケースが多いのが特徴です。もちろん中小・零細企業で高いブランド力を誇る企業も数多くありますが，ブランディングに対して意識的に取り組む企業も少ないのが現状です。

　「ブランド」とは，簡単にいうと「企業の価値イメージ」です。そして「ブランディング」とは「価値の向上・浸透活動」を意味します。そして「ブランド力が高い」ということは「企業や商品の価値が高く，その価値が市場に浸透している状態」です。

　中小・零細企業は大企業と比べて，認知度が低く，価値が浸透していません。これは簡単にいうと「いい商品が少なく，知名度が低い」ということです。知名度が低いと，市場では企業としての信頼度が低いと認識され，また顧客の購入タイミングで候補の土俵に上がることがないため，圧倒的に新規顧客を取り込むことが難しくなります。例えば，食品加工メーカーの場合，大企業は新商品を開発すれば全国の各スーパーの棚に一気に陳列されます。一方で知名度の低い中小・零細企業が新商品を開発しても，なかなかスーパーで取り扱ってくれません。そのため地元のスーパーから1店舗ずつ営業をかけていかなければなりません。

　このように，ブランド力が弱いということは，売上アップや成長戦略の実現が難しくなるのです。

●中小・零細企業のブランド力の実態

　中小・零細企業のブランド力が弱い要因はさまざまです。具体的には，まずはそもそも強みが乏しいだけでなく，自社の強みを理解していない企

業も多く存在します。また，品揃えが少なく，発信力も低いので，市場の中でターゲット顧客に接する機会も少なくなります。また，商品開発力も弱く，大企業では定期的に新商品が開発されますが，中小・零細企業は商品開発を行う部門もなく，人材もほとんどいません。

　さらに，市場に浸透させていくための発信力が乏しく，SNS等を活用した情報発信力も強くありません。価値を浸透させる活動を行う営業マンも少なく，販路も限定されます。

　このように，中小・零細企業はブランド力が低く，ブランド力を向上させることは容易ではありません。ブランド力を向上させるには，これらさまざまなハードルをクリアしていく必要があるのです。

▶中小・零細企業の「ブランド力」の問題点

- ● ブランド力がなく，知名度が低い
- ● 強み・価値が，市場や顧客に浸透していない
- ● 自社の強みが乏しい，強みを理解していない
- ● 商品力が弱い，品揃えが少ない
- ● 商品開発力が弱い
- ● 商品のデザイン力が弱い
- ● 販促ツールが乏しく，SNS等による情報発信力が弱い
- ● 営業の人材が乏しい
- ● ネットワーク・販路が限定的

 そのために

成長戦略の実現が困難

┌─ C O L U M N ─────

事例3　飲食店（寿司店）

売上高	8,000万円	借入金	5,000万円
社員数	15名	社長	40代男性

　創業70年の老舗寿司店。社長は腕利きの寿司職人で，技やネタの見極め，そして仕入先の人脈も豊富です。さらに老舗として地域での知名度も高く，常連客も多いため，地域で高いブランド力を維持しています。しかし，売上は徐々に減少してきたため，売上増を目指し，女性客の獲得を狙ってランチメニューを拡大，また，夜の顧客を増やすために低価格の居酒屋メニューを充実させました。その結果，女性やサラリーマンの新規顧客は増えて売上は増加したものの，客単価の高い常連客は来店しなくなり，利益は大きくマイナスとなって赤字に陥ってしまいました。

　改善策は，まずは低価格路線を廃止して「本格寿司店」というコンセプトに原点回帰することです。具体的には，プロとして「ネタ」「シャリ」「握り方」へのこだわりを明文化し，メニュー表の最初のページに「コンセプト」として設けます。これにより，全スタッフ，そして顧客に，本格寿司店に原点回帰したことを示すことができます。そしてランチメニューと居酒屋メニューを廃止し，低価格重視の顧客を排除します。また，煩雑になったセットメニューを見直し，新たにネタを組み合わせて原価と利益率のバランスをとり，より魅力的なセットメニューを設定します。その上で，以前繰り返し足を運んでくれた常連客に声掛けをして来店を促して早期の業績回復を図ります。さらに，高級寿司店として売上を増やすために，安売りではない方法で新規顧客を増やす取り組みを実施します。具体的には，ターゲットを女性に絞り，女性が好みそうな魚介メニュー，そして野菜たっぷりのメニューやスイーツなど，高級寿司店に見合うようなメニューを開発，さらに，女性が好みそうな飲みやすい日本酒なども追加し，SNSで頻繁に発信します。こうして，高級寿司店として新たな顧客を獲得するしくみを構築します。

第4章　経営・組織が成熟していると現れる「大企業病」

4.1

経営・組織体制が構築された大企業でも問題山積み

　中小・零細企業の多くは経営体制や組織体制が十分に確立していません。例えば，ビジョンが不明確，戦略・戦術未構築，単に業務ルーチンを繰り返すだけの組織体制，などが挙げられます。この要因の１つは，経営者が自社の業務といった狭い視野で事業を運営していることであり，その結果，市場環境の変化に対応できなくなるのです。

　ただし，中小・零細企業でも，売上規模が拡大して社員数が増えてくると，経営者は日本の大企業の経営体制，組織体制を目指し，模倣しようと試みます。しかし実際の日本の大企業では，経営や事業運営面でさまざまな問題が発生しています。日本の大企業の組織体制の多くは「事業別組織」「機能別組織」であり，事業単位で組織が分割され，各事業で営業・製造・人事・経理などの機能別に編成された組織体となっています。経営に関する書籍などで機能別組織のメリット・デメリットが示されていますが，実は現場では，一般の書籍では紹介されていないさまざまな問題が発生しています。

　つまり，市場環境の変化が激しい昨今では，これからの中小・零細企業は，ルールやしくみでガチガチに縛った管理体制に重きを置く現在の日本の大企業の経営・組織体制を目指してはいけないのです。

　そこで本章では，このような大企業でよく発生する，一般的に「大企業病」といわれる現象を紹介します。これらの大企業で問題になっている経営や組織に関する内容を理解することで，表面的には合理的・機能的に運営されているように見えても，実は非合理で無駄の多い，そして市場環境の変化に迅速に対応できない状況を見出す洞察力を養うことができ，それによりさらに質の高い事業性評価が可能になります。

4.2

大企業病①
意思決定に時間がかかり，経営判断の質も低い

　ネット社会に突入し，さまざまな情報を簡単に入手できるようになると，中小・零細企業や個人でも簡単に市場に参入できるようになりました。顧客のニーズは多様化し，自分に合った商品を選択できるようになったため，中小・零細企業にとっては大きなチャンスです。一方でグローバルな競争が激化し，世界規模でより良い製品の開発競争となっています。

　このような市場環境の中で勝ち抜いていくには，市場環境の変化に即座に反応し，迅速に対策を打つことが求められます。

　これらをスピーディに実施しているのが，欧米企業や日本の新興企業です。具体的には，欧米企業や新興企業の経営者は，常に市場環境に関する情報をキャッチしており，迅速かつ正確に現状を把握し，速やかに意思決定を行っています。つまり，経営者は常に現場の状況に目を配り，現場と常に直接つながっているのです。

　一方で日本の大企業は，多くの事業を抱えているため，経営陣が各事業の市場環境を詳細に把握できていません。例えば新たな事業を行う場合，経営陣の現状把握の方法は，現場から上がってくるパワーポイントの提案書がすべてです。さらにその提案書は，担当者か主任クラスがパワーポイントで作成するのですが，経営陣に到達するまでに，中間管理職である課長，部長，事業部長などのチェックが入り，「この情報は知れるとまずい」「この内容は書かないほうがいいのではないか」といった，中身以外の細かい指摘が入って修正されます。そのため経営陣が把握している情報というのは，ありのままではなく，社長向けに見栄えのいいように作り変えられた偏った情報になります。したがって，意思決定や実行に移るまでのスピードが遅れ，経営判断の質も下がってしまうのです。

4.3

大企業病②　組織の硬直化

　日本の大企業でよくいわれることが「組織の硬直化」です。大企業は組織体制が確立しているため，決まったルーチンやルールの範囲内で，日常的な業務を効率的・効果的に行うことは得意です。しかしその反面，そのしくみの範囲外の日常のルーチン業務以外の仕事，例えば新たな価値を提供したり，環境の変化に対応したりする場合では，組織としてのパフォーマンスが十分に発揮できないのです。これが「組織の硬直化」であり，「組織の形骸化」「組織の機能不全」も同様の意味で使われます。

　組織が硬直化する要因はさまざまです。1つは，組織が縦割りであるため，社員は自分の部門の利益を優先するようになることです。そしてこれが原因で組織間の対立が生まれます。例えば，必要な売上確保のため原価を下げたい本社側と，品質と安全性を維持したい工場側の対立です。本来であれば，顧客満足度向上と当社の適正利益のバランスをとりながら柔軟に対応することが望ましいのですが，各部門が個々の部門の立場に固執した姿勢を貫いてしまい，感情的な議論に陥ってしまうのです。

　また，大企業は規模が大きく部門や役職，社員の数が多いため，おのずとルールや規則といった決まり事が多くなります。社会からの注目度も高いため，コンプライアンスへの取り組みも進んでいます。そのため，ルール順守のための手続やチェック，各種報告など，本質的な業務以外の副次的な業務に労力がかかってしまいます。また，トラブルの発生や，顧客からクレームが入ると，責任を問われる経営者や管理者の管理が厳しくなり，二重チェックや詳細な報告などが求められます。

　その結果，顧客ニーズや市場環境への対応により市場で勝ち抜いていくという大きな目標の優先度が下がり，ルールや正しい手続に則っていれば良し，という価値観に陥ってしまうのです。

4.4

大企業病③　職域へ執着，チャレンジしない

　しくみが構築されている日本の大企業の組織体制では，各部門の役割が明確に決まっており，役職や担当者ベースでも役割が分担されていて，役割が細分化されています。また，評価制度も確立しているため，決められた自身の役割の範囲内で業務をこなしていれば，一定の評価を得られる構造になっています。特に多くの企業の人事制度は，直属の上司が部下を評価するしくみになっています。そして各部門の管理者は評価の専門家ではないため，実際の評価はハロー効果が頻発し，業務に忠実で，失敗しない，そして上司に忠実な部下ほど高い評価を得るケースが多いのが現状です。そのため社員はチャレンジして失敗することでマイナス評価になることを恐れてしまうのです。要するに大企業の社員は，個々の与えられた範囲内でしっかりと業務を行っていれば一定の評価を得ることができるわけで，業務範囲外やリスクの高いことを無理に実施する必要がないのです。

　こうして社員は自身の「職域」に執着するようになり，自身の業務範囲外の仕事には関心を示さなくなっていきます。そして突発的な業務が発生しても，自身の職域外であれば積極的に対応をしなくなり，そういう取り組み姿勢が組織内のセクショナリズムを生むのです。つまり，日本の大企業が構築した「しくみ」が，保守的な人材を生んでいるのです。このような硬直した組織の中で，大企業の経営者や管理者は，社員にチャレンジするよう求めているのです。しかしそれは，個々の社員の「姿勢」や「意識」に依存しているに過ぎません。そしてそれらの取り組みは直接評価につながらないため，誰も職域外のことをしようとはしません。

　チャレンジをする人材を育成するには，そういう試みを評価するしくみを作ること，また経営理念などでチャレンジする人材を重視することを示し，社風を変えていくことが重要です。

4.5

大企業病④　ルール依存体質，忖度体質

　日本の大企業の事業は，日常の業務から，展示会出展などの非日常業務に至るまで，規則やルールに基づいて運営されます。理由は，規模が大きく社員数が多いため，効率的に管理・統制する必要があるからです。また，個々に権限を与えすぎると管理が十分に行き届かなくなる恐れがあることも要因の１つです。大企業は社会的責任が重く，１人でも社員が問題を起こすとマスコミに取りあげられて大問題に発展し，会社全体のイメージが悪化してしまいます。そのため，規則やルールと管理によって全社をコントロールすることが求められるのです。

　組織の規則やルールが多くなると，社員はそのルールに沿って仕事を行うことを重視するようになります。またルール同様，上司の指示に対しても忠実に対応するようになり，ルールや指示に合わせて業務を行うことを最優先に考えるようになります。その結果，現状の問題解決や，想造力を働かせた新たな提案をしなくなってしまいます。

　また，肩書による上下関係が明確な縦社会であるという特徴もあります。例えば，経営陣の決定事項が明らかに間違っていても，指摘や反対することは少なく，素直に受け入れられます。つまり経営者などの経営陣の決定事項は絶対であり，彼らにとっては法律同然なのです。そうなると，社員は顧客よりも常に経営者や上司の機嫌を窺うようになり，社員は上司に忖度し，イエスマン化します。そして人事権を持った上司は，自身に忖度する人材を高く評価するようになり，自身の昇格の際は，忠実だった部下を後釜に昇格させるため，会社全体が忖度体質に陥るのです。これが保守的組織に陥るメカニズムです。上層部は上司に忖度して出世してきたため，「どこからお金が入ってきているのか」という意識を完全に失い，顧客が見えなくなってしまうのです。

4.6

大企業病⑤
上層部が仕事をせず現場に無知で，丸投げ体質

　管理者は，部下に仕事をさせて管理することが役割です。中小・零細企業の管理者は，自身も現場で業務を行うプレイングマネージャーである場合が多いのですが，大企業の管理職は「管理」の仕事に集中するために，現場の仕事から離れることが多くなります。

　管理職の仕事は，現場の情報整理と上層部への報告，上層部からの指示などの部門内への伝達・徹底のほか，日々の社員の管理や指導，などです。ただし実際には，情報を上下間で伝える「メッセンジャー」に過ぎないケースが多いのです。しかし，今やパソコンやスマホでトップと現場が直接情報交換できるため，メッセンジャーは必要なくなっています。また，現場の仕事の緊張感から解放された管理者は，現場の仕事をしなくなります。さらに，管理者自身も上司から仕事を丸投げされるため，現場よりも上司からの仕事を優先するようになるのです。

　また管理者は，自ら調べたりすることもしなくなり，現場の情報は部下から報告される内容だけになります。さらに，管理者自身は行動しなくなるので，管理者自ら答えを出すこともなくなり，思考力も衰えていきます。こうして管理職は現場の情報に乏しくなり，現場の知識も失っていきます。そして仕事も部下へ丸投げして仕事をしなくなり，思考もしなくなるため，権力は上がっても能力はどんどん下がっていくのです。

　なお，「丸投げ」と似た言葉に「権限委譲」がありますが，実際の組織では丸投げが横行しています。これらの主な違いは，「権限委譲」は委譲した業務や人の管理・統制，内容のチェック，軌道修正などを行い，管理者が責任を取ります。一方で「丸投げ」は，これらをまったく行わず，何か起きた時も責任回避の態度を取る，という違いです。

4.7

大企業病⑥
価値を生まない社内向けの無駄な業務が多い

　大企業は前述のとおり，ルール依存体質，忖度体質，上層部は仕事をしないという特徴があります。その結果，さまざまな価値を生まない社内向けの無駄な業務が発生します。

　例えば，上司が会議に出る際に，その場での質問に対して「わからないので後で調べて報告します」と言えないために，使用するかどうかわからない大量の想定問答集を部下に用意させます。また，社内会議で経営幹部など上層部が出席する場合，必要以上の準備や接待で時間をかけること，などです。これらはまったく価値を生まない，必要のない仕事であり，これら無駄な業務で多くの人材と膨大な時間を要しているのです。

　会議でも同様に多くの無駄が起きています。例えば，定例会など決まった日程で定期的に開催される会議では，会議の目的が曖昧で，開催する価値がないものも多く存在します。また，会議をしても結論を出さず，単なる話し合いで終わってしまうケースも多くあります。政治の世界で「議論を尽くす」といわれますが，日本は質の高い結論を迅速に導き出すのではなく，「議論」をするところに価値を見出しているのです。

　会議の質とスピードを上げるためには，会議の中で答えを出すことを前提に進めることです。そのためには現状を把握して問題点が何かを明確にし，その原因を究明した上で，解決のゴールを描き，そのゴールに到達するための手法を吟味することです。例えば，現場で議論する内容の状況は事前に調査して資料として用意し，会議では，それらの資料でまずは全員が現状と課題を理解し，その上で問題の原因究明と解決策を吟味します。ここに議論と思考を集中させるのです。こうすることで，スピーディかつ高品質な議論と結論を導くことができるのです。

4.8

大企業病⑦　組織が複雑（多部門，多階層）で非効率

　日本の大企業の組織体制は，部門数が多く，階層も多いため，非常に複雑になっています。複雑化する理由としては，大企業は機能別組織が徹底されており，部門と仕事内容が明確に分かれているからです。中小・零細企業の場合，総務部が会計や人事，企画，広報なども担当することはよくあります。しかし大企業の場合はそれらが明確に分割され，各社員は自分の所属する部門以外の仕事は任されません。

　また，管理職以上の人が増えてくると，その人材の居場所を確保するために新たな部門を作ることも行われます。例えば，部長級の人材が増えると，「部長」という肩書は部門に1つであるため，「担当部長」「専任部長」「主幹」など，さまざまな肩書を使って，彼らのための居場所を作るのです。「組織は戦略に従う」といいますが，「戦略」ではなく「社員の都合」によって新たな組織が生まれているのです。

　その他，多部門や多階層によって組織が複雑になると，業務の生産性は低下します。例えば，現場からボトムアップで提案を行う際に，承認者が増え，決定までに必要以上に時間と労力がかかります。

　さらに，一度決定された事項を簡単に変更できない弊害も出てきます。決裁のために「現場⇒課長⇒部長⇒事業部長」というプロセスが必要であると同様に，決定事項を変更するのにもこのプロセスが必要になるのです。一度決定した事項が現場に適合しないことが判明し，すぐに改善が必要な場合でも，なかなか修正されないことが多くありますが，この複雑な組織体系が要因なのです。「組織は階層を飛び越えてはいけない」が組織体制のセオリーですが，これは組織の秩序が乱れ，飛ばされた中間管理職が不満を抱くからです。しかしこのセオリーによって，経営活動に重要なスピードと品質が失われている実態があるのです。

4.9

大企業病⑧　プロセス軽視の結果主義

　「成果主義」という言葉がありますが，これは業務の成果によって評価して報酬や人事を決定することです。かつて日本の企業は「年功序列型」でしたが，チャレンジ精神やモチベーションの低下を招くとして，いろいろと問題が出ていますが，少しずつ成果主義が取り入れられています。

　そして「結果主義」とは，成果主義とは少し異なり，「中身（プロセス）」を診ずに「結果」だけで評価することで，物事の本質を吟味する意識が欠如する体質のことです。プロセスを軽視することにより，「個人のノウハウを組織全体で蓄積して共有し，組織全体として品質とスピードを上げていくことで，組織全体の成熟度を上げていく」という組織的かつ中長期的な取り組みができにくくなります。

　例えば，営業マンの場合，引き継いだ顧客が大口であれば，その人の力量や負担に関係なく営業成績は上がります。また，新規問合せの電話が入り，その問合せが大口注文であった場合，たまたま事務所にいて取り次いだ営業マンは，大きな努力もなく営業成績を上げることができます。このような状況で数字だけでその営業マンが評価されると，外出せずに事務所で電話を待っていたほうが効率的だと考えるようになるでしょう。また組織で営業活動を行っている場合，受注にはさまざまな部門がからむため，数字を挙げた営業マンだけが恩恵を受けるのは不公平感がでます。

　売上高など数字だけで評価する結果主義では，なぜその数字を獲得できたのかを振り返ることや，どうすれば効率的・効果的に営業活動を行うことができるかの答えを見出すことができません。その結果，組織全体として売上高を向上させられる手法を合理的に構築することができません。プロセスを吟味し，暗黙知のノウハウを形式知化して社内で共有することが，企業価値の向上には必要不可欠なのです。

4.10

大企業病⑨　プロジェクト主義，成果物主義

　大企業では，トップが各部門の業務変革を行う場合，プロジェクト形式で実施するケースが多くあります。「プロジェクト」とは，定められた期間内で目標を達成させて完結するものであり，通常業務とは別に，そのプロジェクトを遂行するために各部門から招集された「プロジェクトチーム」によって実施されます。このプロジェクト形式は，組織体制や業務内容の現状を変えずに現場主導で行われ，ボトムアップによる業務改善の手法の１つです。そして経営側としては，ヒト・モノ・カネの経営資源を新たに投入することなく，現場の工夫とがんばりによって実施できるため，手軽に取り組める手法といえます。

　しかし問題があります。まずは通常業務とは別に行われるため社員の負担が大きくなりますが，評価の直接的な対象にもなりにくいため社員にとっては「余分な仕事」であり，プロジェクトに本腰で取り組むことが難しくなることです。また，プロジェクトと通常業務が連携していないため，いくらプロジェクトで良い手法を見出しても，通常業務に反映されるとは限りません。そのため，プロジェクトの成果物は辻褄合わせで作成される恐れが出てきます。例えば，たまたま大口顧客の受注が何社か決まって業績が向上した時に，それがプロジェクトによる施策の効果であるようなストーリーで成果物のパワーポイントを作成すると，現場を知らない上層部は，その資料が現場を判断する唯一かつすべての内容になるため，成果物のとおりプロジェクトによって大きな成果が出たと認識してしまうのです。つまり「良い成果物は出るが企業の実態は変わらない」という状況に陥り，プロジェクトは何も価値を生んでいないのです。

　このように，プロジェクト主義によって，中身やプロセスといった本質的業務ではなく，見た目重視の成果物主義が増長されていくのです。

4.11

中小・零細企業が目指すべき経営の７つのポイント

●中小・零細企業が目指すべき経営の７つのポイントとは？

　最後に，買収後の経営で重要となる７つのポイントを説明します。

　まずは「『ビジョン』の明確化」です。経営の基本事項として，経営理念・ビジョン・ミッションなどがありますが，最も重要なのがビジョンです。なぜなら，従業員１人ひとりの力を最大に活かすためには，組織全体のベクトルを合わせ，目指すゴール（ビジョン）を全従業員が共有する必要があるからです。

　２つめは「経営の『PDCA』のしくみ構築」です。具体的には，毎月経営会議を開催し，試算表を使って前月の実績を把握し，前年同月比・計画比の差異分析を行います。その上で，現場で発生した問題点や顧客のニーズを拾い上げ，具体的な改善策・対応策を決めて実行していきます。これを毎月繰り返すことで，問題点の改善や顧客ニーズ・ウォンツへの対応をタイムリーに実行し，企業価値向上を図っていきます。

　３つめは「『戦略と戦術』の構築」です。中小企業は戦略だけでなく戦術も経営側で構築しなければなりません。なぜなら，中小企業の従業員は戦術を構築する時間もノウハウもないため，大企業の経営者のように戦略だけを構築して具体的施策である戦術を現場に任せても，現場は従来どおりのルーチン業務を繰り返すだけで何も変わらないからです。

　４つめは「徹底した『生産性向上』」です。中小企業は労働集約型である場合が多く，いかに生産性を高めるかが収益に大きく影響します。そのため，業務や手順の見直しのほか，組織体制のシンプル化，役割の見直し，従業員のスキル向上などの対策を行い，最適人数で，高品質かつスピーディな業務体制を確立することを目指します。

　５つめは「徹底した『現場主義』の経営」です。市場環境の変化が激し

く競合の多い昨今では，経営者がいかにタイムリーに，現場の状況や市場環境を把握して合理的な対策を打ち出すかが，生き残るための重要なポイントになります。現在の日本の大企業のように，現場からの情報を待っていては，よい経営はできません。

　6つめは「従業員が成長し，自立できる『ワンチーム』づくり」です。多くの中小企業の従業員は「作業」しか行っておらず，「思考」の業務を行っていません。これは非常にもったいないことです。そのため，風通しの良い環境を構築し，誰もが，誰に対しても，気軽に意見が言い合える，そして気軽に教え合える環境を構築して，すべての従業員が「成長・自立」し，全員の「頭脳」を活用できる社風を作り上げることです。具体的には，従業員には，現場の問題点の提示や改善策の検討，顧客のニーズ・ウォンツに対応した新商品のアイデアなどの提示が有効です。

　最後の7つめは「『ブランド経営』の実践」です。ブランド経営とは，ブランド力向上を最重要課題として取り組み，企業価値向上を図る経営のことです。具体的には，生産性向上，顧客のニーズ・ウォンツの対応，自社の価値の市場への浸透の業務全般です。このように経営者がブランド経営を実践することで，売上・利益が安定的に向上し，未来永劫に成長・発展を継続できる企業を作り上げることができるのです。

▶中小・零細企業が目指すべき経営の7つのポイント

①　「ビジョン」の明確化
②　経営の「PDCA」のしくみ構築
③　「戦略と戦術」の構築
④　徹底した「生産性向上」の実現
⑤　徹底した「現場主義」の経営
⑥　従業員が成長し，自立できる「ワンチーム」づくり
⑦　「ブランド経営」の実践

┌─┬─┬─┬─┬─┬─┐
│C│O│L│U│M│N│
└─┴─┴─┴─┴─┴─┘

事例4　水産食品加工

売上高	5億円	借入金	2億円
社員数	50名	社長	70代男性

　水産加工・生鮮の加工・販売を行っている老舗企業の事例です。

　取り扱っている素材は，うに，あわび，いか，たこなどであり，売上の9割が加工品です。主要商品は「いか塩辛」「甘塩うに」などで，地元の大手Aスーパーで非常に人気があります。しかし近年，売上減少が続き，営業利益はマイナスに陥って資金繰りも厳しくなっています。

　赤字の原因は，1つ目は加工品の価格を改定していないことです。近年地元漁獲量が減少して仕入単価が上がり，加工品の売上高材料費比率が60％～70％に上昇し，赤字販売が続いていたのです。2つ目は日常の営業活動を実施していないことです。人気商品もAスーパーでしか販売しておらず，その他のスーパーに売り込みをしていません。そして3つ目は，売れない商品を製造中止せず，製造コストが膨れ上がっていたことです。

　改善策としては，これら3点を改善することです。まずは加工品の原価計算を見直し，その上で適正な利益率を上積みした価格を設定します。同社の製品は人気商品であるため，ある程度価格が上がっても受け入れられるでしょう。さらには品数を減らして価格アップを抑えることも検討します。次に営業活動の見直しです。見直しの1つは「既存顧客の横展開」で，Aスーパーに対していか塩辛や甘塩うに以外の加工品を提案し，Aスーパーの棚に自社の加工品を増やしてもらいます。もう1つは「新規開拓」で，地元のAスーパー以外のスーパーに営業を行い，棚に商品を置いてもらいます。同社は地元でも知名度があり，Aスーパーでいか塩辛と甘塩うには大いに実績がある人気商品であるため，容易に開拓できると想定されます。最後に，売れない商品は製造中止にして，工場の負荷を削減し，高コスト体質の脱却を図ることです。

第5章　事前に押さえるべき「企業特性」

5.1

企業にまつわるさまざまな特性

　企業の事業性を評価するためには，まずは対象企業にまつわるさまざまな特性を知ることが重要です。なぜなら，個々の企業に関する特性を把握していなければ正確な評価ができないからです。

　特性といってもその種類はさまざまですので，それぞれの特性についてここで押さえておきます。ただし，各特性は明確に定義されているものではなく，各々の特性の違いに関する線引きも明確なものではありません。そしてそれらの違いを分けて評価する必要もありません。そのため，本章では便宜上，以下に示す特性すべてを包含して「企業特性」として説明していきます。

　まずは「企業特性」とは，戦略や戦術を考える際に考慮すべき，その企業特有の特性を指します。実際にはその企業特有のものというイメージであり，その企業の内部環境に関する特性を示す言葉です。ただし本章では上記のとおり，それ以外の特性についても包括的な言葉として使います。そして企業は，この企業特性を把握しない中で戦略を構築してしまうと，企業を誤った方向に導いてしまうわけです。

　次に「業界特性」とは，製造業，飲食業など，各々の業種（業界）に存在する特有の要因を指します。

　続いて「事業特性」とは，その企業特有といった内部環境の特性と，PEST分析（Politics：政治，Economy：経済，Society：社会，Technology：技術）や，市場環境，顧客のニーズ，競合他社などの外部環境の市場特性があります。

　最後に「地域特性」ですが，その地域の持つ独自性や異質性のことで，その土地のもつ特徴や特産物，産業，気候などのほか，その地域に住む人たちの特徴も含まれます。

5.2

「BtoB」と「BtoC」の特徴の違い

「BtoB（Business to Business）」とは法人向け，「BtoC（Business to Customer）」とは一般消費者向けの製品・サービスを指します。そしてこれらはさまざまな違いがあります。

まずは顧客の判断基準については，BtoBでは，品質・使用性などの機能面を重視し，業務に必要か，業務の問題を解決するかなど，合理的に判断します。一方でBtoCでは，比較的デザインやブランド力などの情緒面を重視し，個人の満足度や個人の悩みを解決するかという判断のほか，「好き」「かわいい」といった感情的に判断するケースも少なくありません。

次に，意思決定プロセスも異なります。BtoBでは，窓口担当者以外にその上司や最終決裁者も意思決定に影響を及ぼすため，複数人が意思決定に関与します。一方でBtoCでは，購入者がその場で決定するため，基本は本人単独で決定します。ただし子供用商品や塾などのサービスは，子供本人ではなく親が関与します。

続いてBtoBの場合，一度購入すればリピートされるケースが多いのに対し，BtoCは単発の場合が多いのが特徴です。そのため，BtoBは一度決まれば大量に継続売上が見込める反面，トップの方針転換等によっていきなり売上がゼロになるというリスクも抱えています。一方BtoCは，リピートするためのしくみやブランディングが重要になります。

このようにBtoBとBtoCはさまざまな面で異なるため，まったく別物として扱われますが，BtoBの製品がBtoCとして売り出されて成功を収めることも少なくありません。例えば，高性能の部品を法人向けに納めていたメーカーが，その部品を使って一般消費者向けに高性能な製品を売り出してヒットするなどです。つまり，法人向けの製品の中に，消費者のニーズに対応できる機能が隠れている場合があるのです。

5.3

「労働集約型」と「資本集約型」の特徴の違い

　「労働集約型」とは，人間の労働力への依存度が高く，お金や機械・設備よりも，人間の手による仕事量が多い産業のことです。例えば，農業や漁業，介護・飲食店・マッサージなどのサービス業，タクシー業界，そして機械化が進んでいない製造業などです。事業活動の主要な部分を労働力に頼っていて，売上高に対する人件費の比率が高くなる産業であり，売上を増やすためにはその分の労働者が必要になるため，売上が増加しても利益を増やすことが難しくなります。

　中小・零細企業の労働集約型の製造業の特徴として，労働生産性が低いことが挙げられます。資本集約型でボトルネックになるのは設備ですが，労働集約型のボトルネックは作業員です。そして労働集約型産業の生産性を上げるためには，OJTなどの教育で社員のスキルアップを図り，作業の品質やスピードを向上させること，そしてマルチタスク化を進めて作業者の手待ちを回避することです。

　一方で「資本集約型」とは，労働力より設備機械などの固定資本への依存度が高い産業のことで，例えば，機械化が進んだ製造業，電気やガス，通信，エネルギー，鉄道や，大型商業施設なども含まれます。事業活動の主要な部分を固定資産に頼っているため，売上高に対する固定資産の比率が高くなります。そして売上を増やすためには設備投資が必要になりますが，売上増加により固定費のレバレッジ効果で利益を大きく増やすことができ，いかに資本効率を高めるかがポイントになります。具体的には，稼働時間および稼働率の向上，生産能力の向上などです。そのため，設備投資にかける資金力のある大企業のモデルといえます。もし大量生産の製品を製造するビジネスを中小・零細企業が実施しても，最新設備で勝負する大企業に対してはコスト，品質，生産量のどれをとっても敵いません。

5.4

「フロービジネス」と「ストックビジネス」の特徴の違い

　「フロー（flow）」とは「流れ」という意味であり，「フロービジネス」は，その都度の取引で収益を上げているスタイルのビジネスのことです。例えば，飲食店や小売店，製造業などで，中小・零細企業の多くはフロービジネスです。フロービジネスの特徴は，顧客にとって購入のハードルが低いため比較的集客しやすく，開業してから早い段階で売上を得られるので，創業時のキャッシュフロー面でメリットがあります。例えば小売店では，新規開店でオープンセールを実施することで集客し，運転資金を確保しながら経営を続けることができます。一方で，都度契約を繰り返して収益を得るスタイルのため，収益が安定しにくく，競争も激しくなります。また一般消費者向けでは，市場の流行り廃りや顧客の飽きに大きく影響するため，常に顧客のニーズ・ウォンツに敏感に対応することを心がけておかなければ顧客の流出リスクが高まります。

　一方で「ストック（stock）」とは「蓄える」という意味で，「ストックビジネス」は，顧客と契約を結んだり，会員を確保したりすることで，継続的な利益を得るスタイルのビジネスのことです。例えば，通信事業，レンタル・リース，会費制のスポーツジムやフィットネスクラブ，そして生活必需品などの定期購入などです。ストックビジネスの特徴は，契約・会員を獲得するまでに時間がかかるため，それまでの運転資金が必要になることです。ただし一定数の契約・会員を獲得できれば継続的にまとまった収益が得られるので，収益が安定しやすくなります。

　そのほか，喫茶店のコーヒーやエステサロンなどのチケット制は，最初にまとまった収益を確保できるため，フロービジネスとストックビジネスの中間的な位置づけのスタイルといえます。

5.5

「嗜好品」と「生活必需品」の特徴の違い

　「嗜好品」とは，実生活に直接必要ない，個人的趣味などで購入するものであり，簡単にいうと，なくても生活していけるものを指します。例えば，高価な衣服や時計，装飾品，玩具，たばこなどです。また食品でいうと，栄養を取るための日常の食品ではなく，好きで食べたり飲んだりするもので，高価な食品や菓子類，お酒が嗜好品に含まれます。

　嗜好品の特徴は，差別化しやすく，使い勝手の工夫やデザインを洗練させるなどで，価値が一気に高まるケースがあることです。そのため，比較的容易にブランド力を向上させることができ，価格コントロールもしやすくなるため，低価格競争に巻き込まれにくくなります。また，一般消費者向け商品がメインになるため，顧客のニーズが多様化している現在，「多品種少量生産」で対応できるため，中小・零細企業にとって取り組みやすい商品です。

　「生活必需品」とは，生活していく上で欠かすことのできない商品です。例えば，食品や衣類，家庭用日用品や燃料などのほか，最低限の家電製品なども含まれます。

　生活必需品の特徴は，不特定多数の一般消費者が日常的に使うものであり，主に「少品種大量生産」方式で生産されるため，低価格競争に陥るケースが多くなります。そのため，大量生産が可能な，設備の充実した大企業が有利な商品であるといえます。ただし，生活必需品のカテゴリーの中で差別化した商品を打ち出すことは可能です。独創的な商品になると生活必需品といわなくなるかもしれませんが，中小・零細企業が生活必需品を扱う場合，大企業と低価格競争にならないよう，ターゲットを絞り，そのターゲット特有のニーズを捉えた，差別化された商品を展開することが望ましいといえます。

5.6
「見込み生産」と「受注生産」の特徴の違い

　「見込み生産」とは，需要予測や販売計画に基づいて生産計画を立て，それを基準に生産指示をかけていく生産形態です。見込み生産で生産される製品は主に量産品になります。大量に生産される量産品の特徴は，競合他社が多く市場価格が概ね決まっているため，価格のコントロールがしにくいことです。そのため見込み生産のポイントは生産性向上であり，設備の稼働率を上げて限界利益（売上高から変動費を控除したもの）への貢献度を増やすことが重要です。設備は稼働させなければ売上を生まず，売上ゼロでも固定費はかかるため，最低でも限界利益を上回る価格で販売し，稼働率を向上させることが重要です。これはホテルや旅館でも同様で，なるべく空室を埋めることが利益向上につながるわけです。

　「受注生産」とは，顧客の要求する仕様や数量に合わせて個別に生産する生産形態をいい，受注生産で生産される製品は，主にオーダーメイド品やカスタマイズ品，専門品や試作品などがあります。受注生産のポイントは，見積価格の粗利率の基準が明確であること，そして利益率が十分に取れていることです。量産品のように価格競争がないため価格をコントロールしやすく，量が少ないため，量産品より高利益率での受注を目指すべきです。そしてしっかりと原価管理を行い，材料費・労務費・外注費・経費を加算した原価を算出し，その上で基準を上回る利益が出ているかを把握することが重要です。また，受注生産の場合，想定以上に生産リードタイムがかかって労務費が嵩むなど，見積精度が低くなるケースが多くあります。そのため，見積価格と実際価格の差異分析が実施されていること，そして差異が出ている場合，その原因を究明し，次の見積計算に活かしていること，つまりPDCAが回っていることがポイントです。

5.7

「現金商売」と「売掛金商売」の運転資金の違い

●売掛金商売と現金商売

　売掛金とは，企業が商品やサービスを取引先に提供し，代金を掛けにした際に発生するものです。売掛金により取引を行っている企業は，製造業，建設業，運輸業，卸売業など，主にBtoBで用いられ，規模の大きい企業のほうが売掛金取引の割合が高くなっています。

　現金商売は，販売した商品・サービスに対して現金で受け取る商売のことです。現金商売を行っている企業は，小売店や料理店，サービス業など，主にBtoCで用いられています。

●売掛金商売における運転資金の注意点

　「売掛金商売」というのは，自社の商品・サービスを掛けで販売する販売取引の言葉ですが，反対に仕入取引でも，現金か買掛金のいずれかで仕入れることになります。ここで問題になるのが運転資金です。売掛金は，相手先の支払条件で入金されます。そして売掛金商売であるBtoBの場合，売掛金のサイト日数と在庫分に対して，買掛金のサイト日数が短くなるケースが多いため，運転資金が必要になってきます。このタイムラグが企業にとって非常に重たい負担となっているのです。つまり「運転資金額＝売掛債権＋棚卸資産－買掛債務」分の現金が必要になるわけです。反対に現金商売であるBtoCの場合，現金商売ですが買掛金で仕入れるため，運転資金は必要なくなるケースが多くなります。

　もう1つの論点として，売上が増加した場合です。BtoCのように入金のほうが出金より早い場合，売上が増加すると現金も増加します。しかし反対にBtoBのように入金よりも出金のほうが早い場合は，売上が増加すると現金は減少していきます。つまり，売上が増加するほど資金繰りが厳しくなるのです。特に中小・零細企業が大企業向けに販売する場合，大企

業の売掛金サイトは90日など長くなることもあるため，運転資金が不足するケースが出てくるのです。

▶入金のほうが早い場合（現金商売）

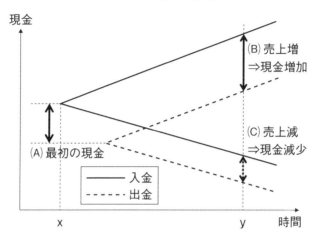

▶入金のほうが遅い場合（売掛金商売）

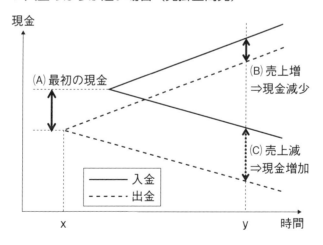

5.8

「固定費型」と「変動費型」の特徴の違い

●固定費型企業の特徴

　「固定費型」の企業とは，設備投資を多額に行う資本集約型の企業であり，大量生産を行う製造業のほか，ホテルやテーマパークのようなサービス業が該当します。固定費型企業の特徴は，設備投資が多額に必要になること，そして初期投資もかかるため参入障壁が高まることです。また，固定費が高くなる分，変動費比率は低くなるため，高い固定費を賄える売上，つまり顧客を初期段階で確保できなければ事業は成り立ちません。一方で固定費型企業は，売上増加により固定費のレバレッジ効果で利益を大きく増やすことができます。つまり変動費比率が低いため，損益分岐点売上高以上の売上を獲得すれば，利益を大きく伸ばすことができます。そのため，売上を拡大させて市場シェアを高めていくことが重要になります。

●変動費型企業の特徴

　「変動費型」の企業とは，固定費が低いかわりに，変動費比率が高い企業のことです。基本的には小売や卸の企業が該当しますが，中小・零細企業の場合，製造業も変動費型である場合が多くあります。変動費型企業の特徴は，初期投資があまりかからないので参入障壁が低くなることです。また，固定費比率が低いため比較的少ない売上で利益が出せる一方で，変動費比率が高いため，売上高が上がっても利益は大きくは増えません。そのため，値引きをすると赤字に陥る可能性が高くなり，値引きは慎重に行わなければなりません。

　このように，固定費型と変動費型の特徴は，業界によって大きく分かれます。しかし，注意が必要なのは，中小・零細企業の場合，業界ではなく個々の企業によって固定費型なのか変動費型なのかを見極めなければならないことです。これには原価の構成比を確認することが有効です。個々の

企業によって変わる場合がありますが，大きくは，変動費は材料費と外注費，固定費は労務費と経費であり，これらの構成比を見て，対象企業が固定費型か変動費型かを見極めることができます。

▶固定費型

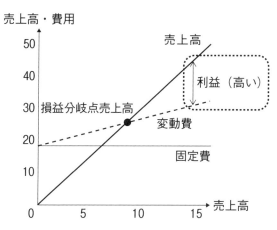

▶変動費型

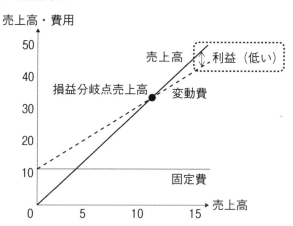

5.9

借入金の大小によるCFの違い

●借入金の大小でCFは大きく差が出る

　借入金残高の状況によって，企業が獲得するキャッシュに大きな差が発生します。右の表は，借入金がAは300，Bは500，Cは1,000というように，借入金の違いによるCFの違いを表しています。借入金とその返済，支払利息以外の条件はA〜Cすべて同等で，売上高は1,000，売上高営業利益率は4.0％，借入金の利率は2.0％，返済期間は10年です。

　借入金が300あるAの場合で，営業利益が40，利率が2.0％で借入金が300のため，支払利息は6，経常利益は34です。ここから借入金の元金を返済しますが，借入金300が10年返済だと年間30になるため，経常利益から返済額を差し引いて，CFは4残ります。

　一方で，借入金が売上高の半分の500であるBのケースは，営業利益が40でAと同等ですが，支払利息が10になるため経常利益はAより4少ない30で，売上高経常利益率は3.0％と一定の利益率は確保できます。しかし，借入金返済額が50必要となるため，企業に残る現預金であるCFは▲20と大きくマイナスになってしまいます。

　さらに，借入金1,000，つまり売上高借入金比率が100％であるCでは，経常利益は20，売上高経常利益率は2.0％と利益は出ていますが，元金返済額が100のため，CFは▲80まで膨らんでしまいます。

●再生企業の再生は借入の負担が大きく難しい

　Cというのは，再生企業が業績を改善した状態といえます。再生企業というのは，業績悪化による運転資金のCFのマイナス分を借入で賄います。そしてその借入を繰り返して借入金が膨らんでいき，これ以上借入ができない状態に陥ってしまいます。そしていったん借入が膨らんでしまうと，Aのような正常企業と同じ業績に回復しても，借入の利息支払と返済の負

担が大きいため，CFをプラスにすることは難しくなります。これが，再生企業の再生を難しくしている要因の1つです。

　これは運転資金を借りる場合でも同様です。運転資金は長期借入金でも，その返済期間は3〜5年と設備資金より短いのが通常です。そのため，元金返済額が大きくなり，CFを圧迫するのです。これを繰り返してしまうと，再生企業に陥るのです。このように運転資金の借入は，行き過ぎると再生企業を増やしかねないため，運転資金の支援ではなく，業績改善の手法を検討することが大切です。

　なお，業種や個々の経営環境にもよりますが，売上高借入金比率は50%以上になると約定返済が難しくなります。事業性評価を行う際は，この基準を頭に入れておくことも大切です。

▶売上高借入金比率の大小による，CFの違い

PL/BS	売上高 借入金比率	①	②÷③	A 30.0%	B 50.0%	C 100.0%
				利率2.0% 元金返済10年		
BS	借入金	②		300	500	1,000
PL	売上	③		1,000	1,000	1,000
	原価	④		600	600	600
	売上総利益	⑤	③−④	400	400	400
	総利益率	⑥	⑤÷③	40.0%	40.0%	40.0%
	販管費	⑦		360	360	360
	営業利益	⑧	⑤−⑦	40	40	40
	営業利益率	⑨	⑧÷③	4.0%	4.0%	4.0%
	支払利息	⑩	⑪÷②	6	10	20
	利率	⑪		2.0%	2.0%	2.0%
	経常利益	⑫	⑧−⑩	34	30	20
	経常利率率	⑬	⑫÷③	3.4%	3.0%	2.0%
CF	元金返済	⑭	②÷10年	30	50	100
	CF	⑮	⑫−⑭	4	−20	−80

COLUMN

事例5　食品スーパー

売上高	3億円	借入金	1億円
社員数	20名	社長	50代男性

　店舗面積が約150坪程度，地方の中規模食品スーパーです。

　現社長は創業者ですが，スーパーでの勤務経験がなかったため，経験豊富な経営幹部A氏に実質的な事業運営を任せていました。商圏内には大手ショッピングセンターなど競合があり，さらに近年，競合店が新たに開店したため，競争の激しい地域となりました。そのような中，同社は中高年者に人気があり，一定の固定客が存在していたため，売上が微減ながらも一定の収益力を維持していました。しかし，社長との意見の対立で経営幹部A氏が退社したため，大手スーパーで店長経験のある若手B氏を採用し，B氏を店長に抜擢して実質的な店舗運営を任せることにしました。しかし，大手スーパーで培ったB氏のノウハウは徹底した安売り訴求で集客を増やす手法であったため，店舗は安売りPOPで埋め尽くされ，安売りが定着してしまい，売上は増加したものの利益はマイナスに転じ，業績は悪化しました。

　改善策は，価格訴求から脱却し，中高年者をターゲットにして徹底的に改善することです。具体的には，競合他社にはない，中高年者に人気の商品を陳列し，その商品の良さを現場スタッフ自らが作成したPOPに表記します。商品の良さが伝われば，多少金額が高くても購入してくれます。チラシも，安売りだけでなく，新たな商品も前面に出して訴求することで，他のスーパーとの差別化を図ります。また，青果や鮮魚はカット販売を増やして実質的に単価を切り上げ，鮮魚を捌くサービスを行って顧客とのコミュニケーションを図りやすくします。そのほか，定期的に惣菜の新商品開発を行って高利益率の商品訴求力を高めます。さらに，高齢者に人気の菓子類も充実させます。こうした施策を徹底することで，顧客の「飽き」を回避し，「ワクワク感」を提供することができ，リピート率や客単価の向上を図ります。

第6章　会社の経営状況の全体像を把握する

6.1

経営分析で「仮説」を立てる

●PLとBSを使って経営分析を行う

　経営分析とは，PL（Profit and Loss statement：損益計算書）とBS（Balance sheet：貸借対照表）などを使って会社の業績や財政状況を明らかにすることであり，主にPLとBSの推移と，それらを活用した財務分析を指します。財務分析では，収益性や生産性，効率性，安全性などの指標です。それ以外にも，事業別や商品別・顧客別の売上推移も，経営状況の把握には重要になります。

●経営分析で「仮説」を立てる

　事業内容を見極めるには定量分析だけでは不十分です。なぜなら，数字だけでは事業の中身を分析したことにはならず，どこに課題があるのかがわからないからです。数字だけを整理しても，それだけでは単なる「作業」に過ぎず，事業の中身を評価することはできません。そのため事業性評価では，事業に関する定性分析に入る前に，まずは数字上の定量分析を行う必要があります。

　さらに定量分析は，ただ数字を整理するだけでは不十分であり，重要なことはその数字から「仮説」を立てることです。定性分析の事業性評価を行う前に，この数値の分析結果から事業の状況の仮説を立てることで，短期間のヒアリングで本質を見極めることができるようになります。

　例えば，営業利益のマイナスが続き，固定費である販管費が削減できていなければ，営業利益黒字化への経費削減の取り組みができておらず，経営者の利益への意識が低い可能性がある，という仮説が立てられます。

　また，小売業で，売上高はやや上昇している一方で，連続赤字で赤字幅が増大しており，原価率や広告宣伝費が上昇していた場合，売上減を安売り広告で補おうとして，逆に利益を減らしてしまった状況がイメージでき，

経営者が「安売りによる売上増」という短絡的な施策で業績低迷を打開しようとしていると仮説が立てられます。ただしこの仮説を立てるには，「商品等の独自の価値で勝負しなければならない中で，無理に安売りを続けてしまうと，安売りを求める顧客しか集まらず，値引き分の利益を確保することが困難であり，売上は上がるが利益は減少する恐れがある」という前提の現場知識が必要になります。

　そのほか，製造業で，赤字続きで借入が年々増加しているにもかかわらず，有形固定資産は横ばいであれば，借入金は運転資金であり，業績悪化による運転資金不足を，経費削減等ではなく借入に依存していることになります。そのため，経営者の経費削減，経営改善の意識の欠如の可能性があります。実はこれが再生企業に陥る典型的なパターンです。

　さらに製造業で，年々売上が増加していても，利益は横ばいか減少しているケースがあります。経費を見ると，人件費が増加し，売上高人件費比率が増加しています。これは，売上増に対応するために新たに人材を採用したものの，人材をうまく活かせていない可能性が考えられます。これは，現場のしくみができていない，現場の統制が取れていない，OJTが機能していない，そもそも利益状況を考慮せずに場当たり的に人を増やしている，などの原因が考えられます。

　このように，PLとBSを見るだけで，数字だけでなく会社のさまざまな状況を思い描くことができます。そして各利益や人件費の，売上高に対する比率を見ることで，さらに状況が理解しやすくなります。こうして定量分析結果を踏まえて仮説を立てた上でヒアリングを行えば，会社の現状を，短期間で，より深いレベルで把握することが可能になるのです。

6.2

売上高と利益額・利益率の推移で収益状況を確認する

　事業性評価で行う経営分析は，単に直近の数値だけを確認するのではな
く，仮設を立てて，会社や経営状況まで深く考えることが重要であると前
述しました。そのためには，直近の各科目の数値の確認の前に，まずは経
営状況の大きな流れである5〜10年間の売上や利益，財務基盤の推移を確
認することが有効です。

●売上高と営業利益・経常利益で企業の実力値を確認する

　営業利益は，会社の本業である事業活動の利益です。経常利益は，それ
に財務活動の収益を加味した（主に支払利息を差し引いた），経常的に得
た利益であり，企業の経営成績を最も把握しやすい数字といえます。

　例えば，右上の図表を見ると，H25.3期以降売上が減少し，あわせて営
業利益が急降下しています。ここで経営者は売上減少に対する経費削減の
手を打てなかった可能性が見えます。そしてH27.3期以降は売上が増加す
るも営業利益は向上していません。売上アップの要因はこのグラフだけで
はわかりませんが，売上向上のための経費のコントロールができずに利益
向上につなげられていない経営状況がわかります。売上向上に対して闇雲
に新規で人材を採用したかもしれませんし，販促を強化して広告宣伝費を
使いすぎたのかもしれません。そしてH30.3期以降は再び売上減少に陥り，
さらに営業利益が大きく落ち込んでいます。以前の売上増加によって，売
上ピークのH30.3期の230百万円でギリギリ営業利益が出るまで固定費を上
昇させてしまい，それ以降の売上減少によって増加した固定費を賄えなく
なり，経費削減への取り組みも実施せずに赤字を垂れ流している状況に
なっていると考えられます。これらを踏まえ，経営者は業績や数値への意
識が低く，経費削減や効率化への業務改善への取り組みも不十分であると
いう経営状況が見えてきます。

●償却前利益でキャッシュフロー状況を確認する

　そのほか，下段右表は，償却前営業利益と償却前経常利益の推移を示しており，これらで，概ねのキャッシュフローの推移を確認できます。償却前経常利益は直近4期連続でマイナスであるため，資金繰りが非常に厳しい状況であることが想定されます。

▶売上高および各種利益の推移

【売上高と営業利益の推移】

（単位：千円，%）

決算期	売上高	営業利益	営利／売上
H23.3期	150,339	6,039	4.0%
H24.3期	148,392	8,202	5.5%
H25.3期	180,393	3,698	2.0%
H26.3期	143,994	2,887	2.0%
H27.3期	130,284	▲1,662	−1.3%
H28.3期	148,224	1,964	1.3%
H29.3期	180,383	▲3,416	−1.9%
H30.3期	230,383	1,980	0.9%
H31.3期	219,038	▲2,223	−1.0%
R2.3期	195,039	▲3,802	−1.9%

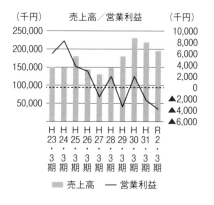

【売上高と経常利益の推移】

（単位：千円）

決算期	売上高	経常利益	経利／売上
H23.3期	150,339	5,789	3.9%
H24.3期	148,392	7,949	5.4%
H25.3期	180,393	860	0.5%
H26.3期	143,994	▲151	−0.1%
H27.3期	130,284	▲4,692	−3.6%
H28.3期	148,224	▲1,036	−0.7%
H29.3期	180,383	▲6,916	−3.8%
H30.3期	230,383	▲1,520	−0.7%
H31.3期	219,038	▲5,603	−2.6%
R2.3期	195,039	▲7,102	−3.6%

（単位：千円，%）

決算期	売上高	償却前営業利益	償却前経常利益
H23.3期	150,339	8,576	8,326
H24.3期	148,392	10,786	10,532
H25.3期	180,393	6,079	3,241
H26.3期	143,994	5,202	2,164
H27.3期	130,284	731	▲2,299
H28.3期	148,224	4,591	1,591
H29.3期	180,383	▲400	▲3,900
H30.3期	230,383	1,980	▲1,520
H31.3期	219,038	1,978	▲1,402
R2.3期	195,039	82	▲3,218

6.3

売上高と借入金で借入負担状況を確認する

●売上高と借入金，売上高借入金比率の推移を確認する

　売上高と借入金，および売上高借入金比率（借入金÷売上高）の推移を見て，借入負担状況を確認します。

　「5.9　借入金の大小によるCFの違い」で，売上高借入金比率は50％以上になると約定返済が難しくなるとお伝えしました。もちろん，業種や個々の経営環境にもよりますが，この基準を持っていれば，経営状況の仮設が立てやすくなります。

　右上段の図表を見ると，売上高借入金比率は100％前後を推移しているため，約定返済が困難な経営状態に陥っていると想定されます。詳細を見ると，借入金は年々上昇しており，直近3年は借入金同額になっています。つまり，運転資金の支援によって借入金が年々増加し，新たな借入が困難になって，3年間はリスケジュールという金融支援を受けている状況であると思われます。ただし，H23.3期の段階ですでに売上高借入金比率は「95.4％」で，この時点ですでに返済困難な状況に陥っています。そのため，本来であればこの時点で，運転資金の融資ではなく，経費削減等の経営改善の支援に取り組む必要があったと考えられます。

●売上高と借入金，有形固定資産の推移を確認する

　下段の図表は，売上高と借入金，有形固定資産の推移を示しており，この図表でこれらの関係を確認できます。借入金はH27.3期に一気に上昇しており，あわせて有形固定資産も上昇しています。一方で売上高は，H25.3期から2年間上昇しましたが，H27.3期以降は減少傾向です。つまり，H25.3期から売上好調になって設備投資をしたところ，それ以降売上は減少し，設備投資が売上増加に貢献していません。そのため，設備投資の是非に関する経営判断が正しかったのか，そして経営者は，今後の需要の見

通しをどのように考え，重要な経営判断を行ったのか，という検証が必要といえるでしょう。

▶売上高と借入金の推移状況

（単位：千円, ％）

決算期	売上高	借入金	借入／売上
H23.3期	150,339	123,394	95.4％
H24.3期	148,392	133,597	103.5％
H25.3期	160,393	143,806	96.3％
H26.3期	143,994	149,690	104.0％
H27.3期	150,284	183,024	140.5％
H28.3期	148,224	175,188	116.2％
H29.3期	150,383	180,782	100.2％
H30.3期	170,383	200,782	87.2％
H31.3期	169,038	200,782	91.7％
R2.3期	165,039	200,782	102.9％

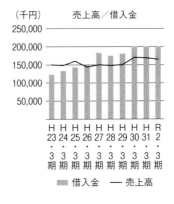

▶売上高と借入金，有形固定資産の推移

（単位：千円, ％）

決算期	売上高	借入金	有形固定資産
H23.3期	250,339	143,394	54,760
H24.3期	248,392	142,597	52,207
H25.3期	280,393	141,806	51,966
H26.3期	273,994	140,690	49,073
H27.3期	240,284	243,024	151,966
H28.3期	238,224	235,188	145,042
H29.3期	240,383	210,782	143,199
H30.3期	230,383	200,782	142,112
H31.3期	219,038	200,782	141,003
R2.3期	210,388	200,782	140,032

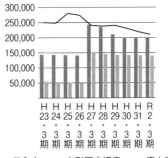

6.4

純資産と自己資本比率の推移で財務基盤の健全性を確認する

●自己資本比率の増減が起きる要因

　BSはご存知のとおり，総資産・負債・純資産で構成されています。総資産とは，会社が運用している財産の総額を表しており，流動資産や固定資産，繰延資産など，会社のすべての資産を合算したもので，調達した資本の運用先，使い方を示したものです。負債は他人資本ともいい，借入金など他人からの調達資金です。そして純資産は自己資本ともいい，株主から払い込まれた資本金などのほか，事業活動から得られた利益の蓄積を表す利益剰余金から構成されています。そして自己資本比率は，総資産に対する純資産の割合を示しており，自己資本比率が高いほど，その会社は返済義務のない自己資本を多くの元手にして事業を行っているため，経営が安定してることを意味します。ちなみに中小・零細企業の自己資本比率の平均は，製造業は概ね25％，卸売業および小売業が20％程度です。

　自己資本比率の増減は，業績が好調でPLの純利益が増えれば，BSの利益剰余金が増加するため，自己資本比率は増加します。一方で，PLの純利益がマイナスになれば，BSの利益剰余金も減少するため，自己資本比率は減少します。負債の増加でも自己資本比率は減少します。

　なお，負債が総資産を上回った状態が「債務超過」であり，多くの再生企業が，実態BSでは債務超過に陥っています。

●財務基盤の安定性を確認する

　まずは経営が安定しているかどうかを，自己資本比率の業界平均を上回っているかどうかで概ね判断します。そして自己資本比率の増減で，業績や経営の好不調を診ることができます。

　例えば右下段の図表を見ると，H23.3期の自己資本比率は15.8％です。

しかし翌々期のH25.3期以降自己資本比率は年々減少し，R2.3期では8.9％にまで落ち込んでいます。これは，借入により総資産が増加する一方，純利益がマイナス続きで純資産が減少しているものと仮説が立てられます。つまりこの企業は，負債を多く抱えて財務基盤は安定しておらず，さらに赤字続きで自己資本比率の落ち込みが大きいため，経営基盤安定化のとりあえずの目標である自己資本比率の業界平均20～25％まで回復させるには，相当の経営努力と期間を要するものと思われます。

▶BS（貸借対照表）

▶財務基盤状況の推移

（単位：千円，％）

決算期	総資産	純資産	自己資本比率
H23.3期	298,926	47,290	15.8％
H24.3期	278,049	47,555	17.1％
H25.3期	263,740	35,470	13.4％
H26.3期	271,163	35,625	13.1％
H27.3期	269,513	35,693	13.2％
H28.3期	268,244	35,776	13.3％
H29.3期	270,531	32,156	11.9％
H30.3期	343,899	31,290	9.1％
H31.3期	332,021	30,085	9.1％
R2.3期	330,597	29,360	8.9％

6.5

キャッシュフローを確認する

●「キャッシュフロー表」で，キャッシュの「流れ」を把握する

　中小・零細企業では，決算書にCF計算書は添付されません。各期のCFの状況は概ね償却前経常利益等で把握できますが，獲得したキャッシュが社内でどのように活用されているのか，また赤字によるキャッシュの不足分をどのように補っているのかの詳細はわかりません。

　そこで，右図のキャッシュフロー表を作成することで，キャッシュの流れを把握することができます。なお「増減」とは，今年度と前年度の差を表しており，プラスの場合は前年度より増加，マイナスは前年度より減少していることを示しています。

●キャッシュフロー表（右図）の説明

　右表の「A」を見ると，「簡易CF」「借入計増減（短期借入金と長期借入金の合計の増減）」「現預金増減」がマイナスで，「売上債権増減（受取手形と売掛金の合計の増減）」「棚卸資産増減」がプラスとなっています。つまり，簡易CFがマイナスであるため本業のマイナス分の現預金が流出し，「借入計増減」も減少しているため借入の返済は現預金から支払われています。また「売上債権増減」と「棚卸資産増減」が増えているため，現預金が売上債権と棚卸資産に流れています。このように簡易CFのマイナス分や借入返済，売上債権と棚卸資産の増加分のキャッシュの流出分は，すべて現預金で賄っていることがわかります。さらに，本来なら棚卸資産を抑えるべきところを逆に増やしてしまっており，必要以上に現預金の減少を招いていることがわかります。

　次に「B」を見ると，簡易CFのマイナスと有形固定資産の増加（設備投資）分のキャッシュを，借入金の増加分，現預金の減少分，および売上債権と棚卸資産の減少分で補っています。

　続いて「C」を見ると，簡易CFと借入金の増加分のキャッシュが，現預金・売上債権・棚卸資産の増加分に流れています。

　このように整理すれば，各期のキャッシュの流れがわかり，キャッシュが経営活動で有効に活用できているかを把握することができます。

▶キャッシュフロー表

（単位：千円）

	決算期	売上高	簡易CF	借入計増減	現預金増減	売上債権増減	棚卸資産増減	有形固定資産増減
	H22.5期	885,885	4,879					
A	H23.5期	740,515	▲8,955	▲3,788	▲19,692	6,909	10,224	▲4,167
B	H24.5期	522,452	▲20,432	5,750	▲22,572	▲7,110	▲10,361	▲2,098
	H25.5期	423,580	▲18,442	60,236	▲11,023	▲8,622	▲321	99,351
	H26.5期	428,972	▲35,899	33,219	7,020	▲3,667	▲33,622	17,862
	H27.5期	521,253	23,375	▲74,950	▲62,964	8,012	21,596	▲18,184
	H28.5期	463,743	1,789	▲12,118	▲18,003	3,617	2,147	▲16,252
	H29.5期	451,454	▲21,283	▲5,574	▲7,336	▲7,960	1,064	24,963
C	H30.5期	555,313	15,298	2,419	2,823	5,460	4,400	▲13,566
	R1.5期	508,378	▲44,650	▲33,216	▲4,099	▲11,327	▲5,559	▲11,562

6.6

粉飾決算の見分け方

●原価率低下＋棚卸資産増加➡架空在庫

　原価率が低下し，かつ棚卸資産が増加していたら，棚卸資産を水増しして原価率を下げ，利益を水増ししている可能性があります。売上原価は，期首棚卸に当期仕入額を足して期末棚卸を差し引いて計算します。したがって，棚卸資産（期末在庫）を架空計上すれば，期末の商品在庫が増加して売上原価が減少し，利益が水増しされるわけです。この架空在庫は，期末の在庫調整だけでできるので，比較的実施されやすい粉飾決算です。

●原価率低下＋売上債権増加➡架空売上

　上記と同様に原価率が下がっており，かつ売上債権が増加していたら，架空売上によって売上高を水増しして利益を水増ししている可能性があります。具体的には，取引先の架空注文書や自社の架空請求書（納品書）を作成し，仕訳処理「（売掛金）○○／（売上）○○」を行うのですが，架空売上分の原価は計上（仕訳）されず，原価の額自体に変化がないため，原価率は低下し，利益が水増しされるわけです。そして架空売上の売掛金は回収されないため，売上債権や売上債権回転日数は増加します。

●使途不明金

　その他注意が必要なのは，「使途不明金」と呼ばれる科目です。具体的には，「仮払金」「立替金」「貸付金」があります。仮払金や立替金は，例えば旅費を社員に手渡した等で一時的に計上する科目であり，別途経費を計上する必要があるのですが，そのまま放置されている場合です。また貸付金は，役員報酬を下げる代わりに計上するなど，社長個人の借金返済や，個人的な交際費などで使用されるケースがあります。

　なお，粉飾決算を見抜くには，3〜5年の時系列で比較することです。そしてこれらの数値が極端に増減している場合は，粉飾が疑われます。

▶粉飾決算①　原価率低下＋棚卸資産増加➡架空在庫

			H30.3期	H31.3期	R2.3期
PL	売上高	千円	85,000	80,000	75,000
	売上原価	千円	45,000	40,000	35,000
	原価率	%	52.9%	50.0%	46.7%
	売上総利益	千円	40,000	40,000	40,000
BS	棚卸資産	千円	35,000	40,000	45,000
	棚卸資産回転日数	日	150	172	193

科目		R2.3期		備考
売上		75,000		75,000	
原価	期首	15,000		15,000	
	当期仕入	40,000		40,000	
	期末	10,000	⇒	20,000	棚卸資産水増し
	合計	45,000	⇒	35,000	原価減少
	原価率	60%	⇒	47%	原価率減少
売上総利益		30,000	⇒	40,000	利益増加

▶粉飾決算②　原価率低下＋売上債権増加➡架空売上

			H30.3期	H31.3期	R2.3期
PL	売上高	千円	85,000	85,000	85,000
	売上原価	千円	45,000	40,000	35,000
	原価率	%	52.9%	47.1%	41.2%
	売上総利益	千円	40,000	45,000	50,000
BS	売上債権	千円	25,000	30,000	35,000
	売上債権回転日数	日	107	129	150

科目		R2.3期		備考
売上		75,000	⇒	85,000	売上水増し
原価	期首	10,000		10,000	
	当期仕入	40,000		40,000	
	期末	15,000		15,000	
	合計	35,000		35,000	
	原価率	47%	⇒	41%	原価率減少
売上総利益		40,000	⇒	50,000	利益増加

COLUMN

事例6　洗浄剤製造請負

売上高	3,000万円	借入金	2,500万円
社員数	20名	社長	60代男性

　洗浄剤の製造請負で，洗浄剤を容器に入れる作業を請け負う会社です。請負元のC社はさまざまな洗浄剤を大量に販売しており，同社はその洗浄剤を，決められた容器に，決められた容量を1つひとつ手作業で充填し，各容器にラベルを貼って梱包する作業を行います。原料や容器はすべてC社から支給されるため，原価のほとんどが人件費という，典型的な労働集約型事業です。そのため，作業の生産性向上が収益力向上のカギとなります。この請負作業は煩雑で，案件によって洗浄剤や容器，ラベルの種類が異なっており，数量も数十個から何百・何千個までさまざまです。また，納期も余裕のあるものや超短納期のものもあります。そのため，生産計画とスケジューリング，人材のシフト管理が重要となります。さらに，1つでも漏れやラベルの歪み，規定の容量が充填されていないなどがあればクレームになるため，ミスのないように案件単位での作業手順の構築とチェック体制も重要な仕事です。

　同社の業績は赤字が続いています。その原因は，案件単位で人件費を把握できておらず，原価が不明確な中で，すべてC社の言い値で受注しているため，赤字になっている案件も発生している可能性が高いためです。

　改善策は，案件の依頼時に即見積金額が算出できるしくみを構築することです。そのためには「見積作成フォーマット」の作成が必要です。各案件で引合い時に迅速に正確な原価（人件費）を算出することができれば，当社から価格を提示することが可能となり，赤字案件を回避できます。見積作成フォーマットは，各案件の各工程で異なるパラメータ（案件によって異なる数値）を入力すれば自動的に人件費が算出されるものである必要があります。作業工程別に人件費を割り出す必要があるため，やや煩雑になりますが，エクセルで作成が可能です。

| 第7章 | PLで収益状況と利益構造を把握する

7.1

直近3～5年間のPLの推移で経営状況を確認する

●直近3～5年間のPLの注目点

　会社の業績を把握する場合，まずは3～5年程度のPLで収益構造を確認します。PLの注目ポイントは，単年度の実績値と比率，そして複数年度の推移です。具体的には，単年度の売上・経費・利益の数値と各々の売上比率を確認することで，各年度の業績が見えてきます。そして複数年度でそれら各科目の推移を比較することで，経営状況をより明確に把握することができます。特に数値や比率が大きく変動している科目に注目し，なぜ大きく変動したのかの仮説を立ててみるのです。

　まずは売上高で規模を把握し，売上高の推移を確認して傾向を見ます。次に原価率で利益の出やすい企業かどうかを見ます。なお，原価率は事業構造や事業内容に大きな変化がない場合，一般的に大きく変化しません。しかし規模が小さい中小・零細企業の場合，仕入れ値の高騰や人材雇用による労務費の高騰などで大きく変動する場合があります。

　続いて販管費ですが，まずは人件費のチェックです。人件費は，中小・零細企業にとって最も経費がかかる固定費であるため，収益状況に大きく影響します。特に売上が大きく変動している場合，この比率がどのように変動しているかに注目します。例えば，売上が増加していても，その売上増に対応するために人員を増やし，その結果，売上高人件費比率が増加して営業利益が減少する，というケースも珍しくありません。また，売上が長く低迷した場合は，売上高に見合う人件費になるようリストラも視野に入れる必要が出てくる場合もあります。その他の販管費は，金額が大きい科目と大きく変動している科目を中心にチェックします。また，減価償却費を計上しないことで利益を多く見せる場合も多いので確認が必要です。

　その他，営業利益・経常利益は，各々の利益率もあわせて単年度と推移

を確認し，償却前利益でキャッシュフロー状況も確認します。

▶直近5年間のPLの推移

（単位：千円，％）

		H28.3期	H29.3期	H30.3期	H31.3期	R2.3期
		実績	実績	実績	実績	実績
売上高		147,764	180,096	229,573	218,627	194,760
	（前年比，構成比）	113.4%	121.9%	127.5%	95.2%	89.1%
売上原価		109,808	135,928	175,082	169,793	149,775
	（原価率）	74.3%	75.5%	76.3%	77.7%	76.9%
売上総利益		37,956	44,168	54,491	48,833	44,985
（粗利率）		25.7%	24.5%	23.7%	22.3%	23.1%
販売費及び一般管理費	人件費合計	22,916	23,792	25,841	27,717	26,501
	（売上高人件費比率）	15.5%	13.2%	11.3%	12.7%	13.6%
	販管費合計	40,357	40,600	37,617	49,969	41,458
	（売上高販管費比率）	27.3%	22.5%	16.4%	22.9%	21.3%
営業利益		▲2,401	3,568	16,874	▲1,135	3,527
（売上高営業利益率）		−1.6%	2.0%	7.4%	−0.5%	1.8%
償却前営業利益		225	5,584	17,962	2,066	5,411
（売上高償却前営業利益率）		0.2%	3.1%	7.8%	0.9%	2.8%
営業外収益		7,295	50	67	606	118
営業外費用		5,954	5,087	8,937	6,647	4,938
経常利益		▲1,060	▲1,469	8,005	▲7,176	▲1,293
（売上高経常利益率）		−0.7%	−0.8%	3.5%	−3.3%	−0.7%
償却前経常利益		1,567	547	9,092	▲3,976	591
（売上高償却前経常利益率）		1.1%	0.3%	4.0%	−1.8%	0.3%
特別利益						
特別損失						
税引き前当期純利益		▲1,060	▲1,469	8,005	▲7,176	▲1,293
（売上高税引き前当期純利益率）		−0.7%	−0.8%	3.5%	−3.3%	−0.7%
法人税，住民税及び事業税		70	70	70	70	70
当期純利益		▲1,130	▲1,539	7,935	▲7,246	▲1,363
（売上高当期純利益率）		−0.8%	−0.9%	3.5%	−3.3%	−0.7%
簡易CF	経常利益＋減価償却	1,567	547	9,092	▲3,976	591
	当期純利益＋減価償却	1,497	477	9,022	▲4,046	521

7.2

原価率の変動は原価の「要素」を確認して要因を探る

●原価には４つの要素ある

　製造業では原価の中身を確認することが大切です。原価管理を実施していない場合，原価は主に変動費である材料費になるため，高原価やその増減の原因は材料費であることが明確です。しかし製造業で原価管理を実施している場合，原価には「材料費」「労務費」「外注加工費」「経費」と４つの要素があり，どの科目の構成比が高いのか，あるいは比率が変化しているのかを見極めることが重要です。ちなみに材料費と外注加工費は変動費，労務費と経費は固定費です。ただし労務費がパートの人件費の場合，変動費として扱うかどうかをパートの勤務状況に応じて見極めます。

●原価率の増減の原因を究明することがポイント

　右表のＡ（H28.12期～H29.12期）について，上段「売上高／原価／原価率」の表を見ると，売上高は横ばいであるのに対し，原価率は46.4％から54.3％に大きく上昇しています。そこで最下段の「要素別原価率」を見ると，H28.12期の売上高材料費比率は28.7％に対し，H29.12期は36.6％と，概ね８ポイントも上昇しており，原価率増加の要因は「材料費の増加」であることがわかります。そのため，対策としては，仕入先の見直しや材料の見直し，値上げなどが考えられます。

　一方で右表Ｂ（H30.12期～R2.12期）の上段「売上高／原価／原価率」の表を見ると，売上高が大きく増加しているものの，原価率も47.8％から54.8％と７ポイントも上昇しています。最下段の「要素別原価率」を見ると，売上高材料費比率には大きく変動はないですが，売上高労務費比率が，H30.12期の13.0％からR2.12期の19.3％と，６ポイント以上も上昇しており，原価率増加の要因は「労務費の増加」であることがわかります。売上増への対応で，残業代や新たな人材の採用によって労務費が大きく増加し，利

益を圧迫していることがわかります。対策としては，売上に見合うまで人件費を削減することです。

　このように，原価率の増減は，原価のどの要素が要因なのかを探ることで，対策が大きく変わってきます。

▶原価／原価構成比／要素別原価率

【売上高／原価／原価率】　A　　　　　　　　B　　（単位：千円，％）

	H28.12期	H29.12期	H30.12期	R2.12期
売上高	127,339	128,179	119,273	146,910
原価	59,122	69,613	56,975	80,492
原価率	46.4%	54.3%	47.8%	54.8%

【原価内訳】　（単位：千円）

			H28.12期	H29.12期	H30.12期	R2.12期
原価	材料費	変動	36,534	46,901	35,058	45,482
	労務費	固定	15,356	15,404	15,497	28,394
	外注加工費	変動	344	335	329	400
	経費	固定	6,939	7,024	6,201	6,275
当期製造費用			59,173	69,664	57,084	80,551
期首仕掛品棚卸高			484	484	535	645
期末仕掛品棚卸高			535	535	645	704
当期製品製造原価			59,122	69,613	56,975	80,492

【原価構成比】　（単位：％）

	H28.12期	H29.12期	H30.12期	R2.12期
当期製造費用	100.0%	100.0%	100.0%	100.0%
材料費	61.7%	67.3%	61.4%	56.5%
労務費	26.0%	22.1%	27.1%	35.2%
外注加工費	0.6%	0.5%	0.6%	0.5%
経費	11.7%	10.1%	10.9%	7.8%

【要素別原価率】　（単位：％）

	H28.12期	H29.12期	H30.12期	R2.12期
売上高材料費比率	28.7%	36.6%	29.4%	31.0%
売上高労務費比率	12.1%	12.0%	13.0%	19.3%
売上高外注費比率	0.3%	0.3%	0.3%	0.3%
売上高経費比率	5.4%	5.5%	5.2%	4.3%

7.3

「固変分解」と「損益分岐点」で最低限必要な売上高を確認する

●損益分岐点売上高，変動費率，限界利益，損益分岐点比率を理解する

　「損益分岐点売上高」とは，会社の営業利益がゼロになる売上高のことで，計算式は「損益分岐点売上高＝固定費÷（1－変動費率）」です。ちなみに「変動費率」は，変動費を売上高で割ったもの（変動費÷売上高）です。

　損益分岐点売上高を出すためには，会社で発生する費用（原価・販管費）の勘定科目を「固定費」と「変動費」に分解する必要があります。この分解のことを「固変分解」と呼びます。また，売上高から変動費のみを差し引いたものを「限界利益」といいます。

　さらに，実際の売上高に対する損益分岐点売上高の割合が「損益分岐点比率」で，実際の売上高100％に対して損益分岐点売上高が何％なのかを算出するものです。一般的に，この比率が60％未満であれば超優良企業，60〜80％は優良企業，81〜90％は普通の企業で，91〜100％だと損益分岐点ギリギリの企業，そして100％超が赤字企業です。

●損益分岐点売上高，固変分解の方法

　損益分岐点売上高を出すための固変分解の具体的手法は，各勘定科目を変動費と固定費に振り分けることです。1つの科目に固定費と変動費が入り混じっていることもありますが，緻密に分解することは困難のため，科目ごとで分類します。そして右表のように，原価と販管費の変動費を合計して売上から差し引くと，限界利益になります。その限界利益から，原価と販管費の双方の固定費を差し引けば営業利益になります。

　なお，一般的に販管費の科目は固定費である場合が多いですが，原価管

理が行われていない場合，販管費にさまざまな変動費の科目が混じっている場合があります。下段に変動費と固定費の分類を明記しますが，同じ勘定科目でも，企業の経営状況や会計手法によって変動費と固定費は変わるので確認する必要があります。

▶PL（固変分解）

（単位：千円）

			No	計算式	H29.12期	H30.12期	R2.12期
売上高			①		563,135	663,284	650,994
変動費	原価	変動売上原価（材料費）			104,490	123,765	156,155
		固定売上原価（労務費）					
		変動売上原価（外注費）			11,073	10,655	8,999
		変動売上原価（経費）					
		期首仕掛品棚卸高			5,377	5,128	4,767
		期末仕掛品棚卸高			2,468	4,767	8,894
		期首製品棚卸高			177,536	188,978	196,750
		仕入合計					
		期末製品棚卸高			179,991	196,750	208,254
		変動原価合計	②		116,017	127,009	149,524
	販管費	変動販管費（人件費）					
		変動販管費（その他）					
		変動販管費合計	③				
	変動費計		④	②+③	116,017	127,009	149,524
限界利益			⑤	①-④	447,118	536,275	501,470
固定費	原価	固定売上原価（労務費）			118,465	129,530	140,488
		固定売上原価（経費）			16,639	16,757	20,069
		固定原価合計	⑥		135,104	146,287	160,557
	販管費	固定販管費（人件費）			58,191	60,658	62,591
		固定販管費（その他）			26,456	29,614	36,025
		固定販管費合計	⑦		84,647	90,272	98,616
	固定費計		⑧	⑥+⑦	219,751	236,559	259,173
営業利益			⑨	⑤-⑧	227,368	299,715	242,297
損益分岐点売上高			⑩	⑧/1-⑪	276,771	292,585	336,451
変動費率			⑪	④/①	20.6%	19.1%	23.0%
損益分岐点比率			⑫	⑩/①	49.1%	44.1%	51.7%

原価管理実施	変動費	原価	材料費，外注費
	固定費	原価	労務費，経費
		販管費	全科目
原価管理未実施	変動費	原価	売上原価
		販管費	動力費，燃料費，包装資材費，運搬費，雑給等
	固定費	販管費	その他

7.4

固定費と限界利益の論点

●固定費の削減は難しいので，安易に増加させてはいけない

　中小・零細企業は売上規模が小さいため，固定費の増減が収益に大きく影響が出ます。中小・零細企業でよく問題になるのは「人件費」と「設備費（減価償却）」で，具体的には，売上が増加し，それが今後も継続するかを見極めず，安易に人を採用したり設備を導入したりして，固定費を増加させてしまうケースがあります。

　右表のとおり，固定費増加は想像以上に利益を圧迫しますが，中小・零細企業の社長はそれを理解していない場合が多いのです。固定費を簡単に下げられないため，売上が上昇した時は，新規採用が本当に必要か，設備投資が必要かをしっかり吟味することが大切です。例えば，新たに人材を採用する前に，業務の非効率を改善する，マルチタスク化を促進するなどで対応できないかを検討するのです。

●固定費と限界利益の論点

　限界利益は，案件の「受注可否の判断」に活用します。売上増加で増えるのは売上高と変動費であり，固定費は売上の増減にかかわらず一定です。つまり，売上の上昇分で増える営業利益は「限界利益」分そのものなのです。そのため受注可否は，営業利益ではなく限界利益で判断することが1つの方法です。つまり限界利益がプラスであれば，営業利益がマイナスでも「受注する」と判断できるのです。

　また，企業の現場では，限られた固定費を，いかに活用機会を増やして（フル活用させて），限界利益への貢献度を増やすか（最大化するか）を考えることが重要です。つまり，固定費の「空き」に注目するのです。ここでの固定費とは主に「設備費（減価償却費）」と「人件費」です。

　例えば，設備の稼働率が低いと，設備に多くの空きができます。そこで

設備の稼働率を上げるため，夜中まで運転させたり，他社の案件を取り込んで未稼働時間を補ったり，繁忙期に他社の設備を活用するなどです。

　また，シングルタスクの作業員がいると，人材に作業をしない空き時間（手待ち）が出ます。そのため，固定の人件費の変動費化や，人材のマルチタスク化，シフト管理強化などで効率化を図り，人材の有効活用，隙間時間をなくし，生産性向上を図るのです。

　なお，中小・零細企業でのボトルネックで多く見られるのは「設備」よりも「人」です。例えば，1人の社員しかできない「抱えこみ」の作業がある場合，その作業がボトルネックとなって業務が停滞したり，他の作業員の手待ちが発生したりするケースが出てきます。

▶固定費が営業利益に及ぼす影響

	①	①を，売上増で営業利益ゼロにする ②	②から，固定費が10増加 ③	③を，売上増で営業利益ゼロにする ④
売上	100	150	150	200
変動費（変動費率80%）	80	120	120	160
限界利益	20	30	30	40
固定費	30	30	40	40
営業利益	▲10	0	▲10	0

②：営業利益を「10」増加させてて営業利益をゼロにするには，売上を「50」増やす必要がある。

④：固定費が「10」増加した場合，営業利益をゼロにするには，売上を「50」増やす必要がある。

7.5

販管費の推移で経費への取り組み状況を確認する

●販管費は科目ごとに丁寧に確認する

　対象企業の利益がマイナスの場合，直近の決算書と，分析した期間内で売上高の高い期の販管費を比較して，現在までどの程度経費削減に取り組んできたかを確認します。そして事業性評価でヒアリングを行う際に，無駄遣いや削減の余力があるかを確認します。なお，本格的に経費削減に取り組むためには，本来であれば，各科目を元帳まで掘り下げ，削減可能な経費について吟味することが望ましいといえます。しかし事業性評価の段階では，ヒアリングで可能な範囲で削減内容を把握するレベルで問題ありません。

　例えば，人件費では，まずは社長や役員の報酬が多すぎないかを確認します。また，変動費で削減に取り組みやすいパート・アルバイトの給与に対しても時間管理が徹底できているか，無駄に長時間労働させていないかをチェックします。飲食店では，パート・アルバイトの時間管理は店長がシビアにシフト管理をしていますが，それ以外の業種は，パートの時間管理は案外ルーズで，削減の余地がある場合が多くあります。

　また，福利厚生でも，社長や社員の飲食代など，事業に直接影響のない経費が含まれている場合があります。赤字や資金繰り難に陥っている企業は余力がないため，このような費用は削減の対象になります。

　その他，賃借料は，例えば，事務所や店舗の家賃だけでなく，社長個人で使用している車の車庫代などが含まれているケースがあります。同様に，旅費交通費の中に，社長個人の交通費や車の購入代金，ガソリン代などを会社負担にしている場合もあります。

　販管費は，基本的に固定費であるため，売上が減少しても自然と減るものではありません。社長が意識して削減に取り組まないと減少しないもの

です。したがって，この販管費の取り組み状況で，その会社の業績に対する意識の高さがわかります。

▶販管費の推移

（単位：円）

	H31.3期	R2.3期	差	比率	内容
	①	②	②-①	②÷①	
売上高	258,389,288	173,788,298	−84,600,990	67.3%	3割以上も大きく減少
販管費	68,571,035	51,692,508	−16,878,527	75.4%	4年で16.9百万円の販管費を削減
役員報酬	18,500,000	11,320,000	−7,180,000	61.2%	大幅減も，社長と夫人で11.3百万円受領
給与手当	21,839,230	18,383,992	−3,455,238	84.2%	1名退社による削減
賞与	880,000	780,000	−100,000	88.6%	業績にかかわらず一定額支給
法定福利費	3,103,842	2,503,842	−600,000	80.7%	社長の会社での昼食分含む
福利厚生費	187,392	169,382	−18,010	90.4%	
役員定期保険料	923,923	1,154,392	230,469	124.9%	
退職共済金	150,000	150,000	0	100.0%	
人件費計	45,584,387	34,461,608	−11,122,779	75.6%	人件費削減は約11百万円
減価償却費	1,101,562	955,097	−146,465	86.7%	
消耗品費	1,738,294	1,839,283	100,989	105.8%	
事務用品費	358,392	359,283	891	100.2%	
賃借料	1,440,000	1,440,000	0	100.0%	使用頻度低い駐車場代含む
保険料	473,920	489,320	15,400	103.2%	
修繕費	359,382	190,382	−169,000	53.0%	
租税公課	253,820	233,500	−20,320	92.0%	
固定資産税	306,300	123,400	−182,900	40.3%	
旅費交通費	1,653,892	1,038,293	−615,599	62.8%	経費削減への取り組みによる削減
通信費	753,008	759,302	6,294	100.8%	社長，営業マンの通信費は会社持ち 社長個人の携帯電話代も会社経費
水道光熱費	348,392	353,892	5,500	101.6%	
運賃	938,299	798,399	−139,900	85.1%	
接待交際費	3,089,293	1,988,390	−1,100,903	64.4%	大幅削減も，依然として社内，社長個人の飲食代が含まれる
会議費	4,500,392	1,944,039	−2,556,353	43.2%	大幅削減も，依然として営業の外出時の昼食，飲食代が含まれる
諸会費	265,000	232,500	−32,500	87.7%	
寄付金	95,000	100,000	5,000	105.3%	
リース料	889,300	778,900	−110,400	87.6%	
顧問料	1,200,000	840,000	−360,000	70.0%	顧問税理士への報酬を削減
雑費	2,769,382	2,583,920	−185,462	93.3%	
広告費	453,020	183,000	−270,020	40.4%	

7.6

売上分解①
事業別売上推移で事業規模と推移を確認する

●事業別売上は，長期間の推移でライフサイクルを把握する

　PLでは，売上高はトータルで表示されているケースが多いですが，こ
れだけでは漠然としていて経営状況を把握することはできません。そのた
め，会社が複数の事業を営んでいる場合，まずは事業別に売上を分解して
各事業の売上規模および構成比を明確にし，その会社がどの事業でどの程
度の売上を上げているのかを把握します。

　事業別売上で大切なことは，直近の単年度の売上および構成比に加え，
推移を明確にして，その事業が上昇傾向（成長）なのか，横ばい（安定）
なのか，減少傾向（衰退）なのかをつかむことです。そのため，事業別売
上推移は10年，最低でも5年は必要といえるでしょう。2，3年の短い期
間では，各年度の売上の上下しかわからず，ライフサイクルという大きな
流れがつかめないからです。

　右図は，棒グラフが売上合計，折れ線グラフが各事業の売上を示してい
ます。A事業は，当初の成長からH27.3以降は横ばいで安定期に入ってい
ます。つまり売上は頭打ちである可能性があります。ブランド力を向上さ
せる取り組みを行って売上向上を図ること，および安定した売上の中で業
務を効率化して利益を拡大させていくことなどがポイントになると想定さ
れます。

　B事業はH26.3期から衰退しているため，事業単体で利益が出ているか，
固定費を賄えているかに注目し，利益が出ていなければ，売上規模に見
合った経費になるよう改善が求められます。

　さらに事業Dは新たな事業として成長しているため，3C分析等で更な
る事業拡大が可能か見極めた上で，必要に応じた経営資源の投入を検討し

ます。ただし成長期の事業は利益獲得が困難なケースも多いため，売上向上の施策ではなく，利益が出ているか，利益獲得のしくみが構築できているかを確認することが必要になります。

●事業別で必ず原価率を算出，各事業の利益状況を確認する

　事業別の分解でもう1つ重要なことは，事業別に原価率（売上総利益率）を明確にすることです。経営活動で重要なことは，売上ではなく利益であるため，最終的には利益ベースで各事業の今後の展開を見極めていくことが重要です。

▶事業別売上推移

（千円）

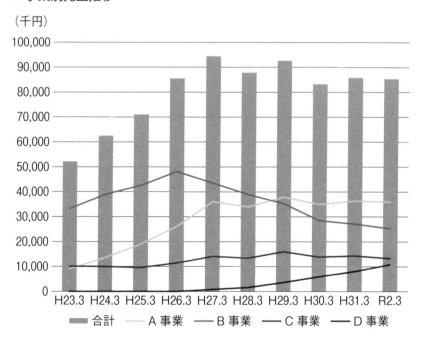

7.7

売上分解②　顧客別売上で構成比と推移を確認する

●顧客別売上で「収益の出所」を把握する

　会社の今後の成長性を見極めるためには，事業の市場環境（外部環境）とあわせて，その会社の実際の売上高がどの顧客からもたらされているのかを把握し，その売上推移を確認します。そのためには，売上高を顧客別に分解する必要があります。顧客分解は，主に顧客が法人である場合に行います。

　分析の視点として，まずは売上上位の大口顧客の売上について，全体の売上に対する構成比を確認します。構成比が高すぎる場合は，その大口顧客への依存度が高く，顧客を失った時や，その顧客の売上が大幅に減少した時のリスクが高い状態であるといえます。特に法人顧客の場合，顧客の経営方針の変更により一気に売上がなくなる場合もあるため注意が必要です。また，その他の各顧客の売上高の増減幅や，顧客数の増減数についても確認します。業績悪化の原因が，大口顧客の減少によるものなのか，顧客数減少によるものなのか等を確認することで，全体の売上増減の理由が明確になり，より明確に事業を評価できます。ちなみに売上増加が特定の得意先の特需による場合，継続性がないため，成長性の判断材料から除外する必要があるでしょう。

●地域別や業種別にグルーピングして傾向をつかむ

　その他，客を業種別にグルーピングすると，どの業種に強いかがわかります。そして，なぜその業種に強いのかをヒアリングで確認することで，今後の成長性を評価することができます。例えば，金属加工のある加工技術が，その業界の製品に有効である場合，さらにその業界へアプローチすることで売上拡大が見込めるわけです。

　また，地域別でもグルーピングすると，地元顧客に強いかどうか，強い

地域はどこかなどがわかり，この会社の事業領域が把握できます。この情報は今後の営業施策でも活用できます。

▶顧客別売上推移

（単位：千円，％，社）

No.	得意先名	H28.3期 売上	H29.3期 売上	H30.3期 売上	H31.3期 売上	R2.3期 売上	構成比	累計
1	東京電機	180,222	160,382	148,392	130,222	131,200	8.6%	8.6%
2	埼玉電算	143,992	128,388	113,892	129,382	125,003	8.2%	16.8%
3	神奈川商事	150,388	140,293	90,382	98,293	100,293	6.6%	23.4%
4	千葉電子	88,392	99,203	85,992	97,399	99,382	6.5%	29.9%
5	茨城電機	98,293	143,320	93,882	85,392	89,992	5.9%	35.8%
6	栃木製作所	0	0	33,892	59,938	78,392	5.1%	40.9%
7	群馬電子	12,238	39,938	58,829	62,544	76,993	5.0%	46.0%
8	山梨工業	3,102	3,988	2,983	3,102	73,992	4.9%	50.8%
9	長野機器	66,738	59,389	35,883	81,738	70,382	4.6%	55.5%
10	新潟製作所	0	3,829	23,882	45,993	65,382	4.3%	59.7%
11	富山加工	100,382	83,592	72,993	70,382	60,332	4.0%	63.7%
12	福島電子機器	45,883	49,283	53,382	55,688	59,332	3.9%	67.6%
13	三重重工	45,882	33,928	25,329	45,996	55,832	3.7%	71.3%
14	福井機械	50,388	59,382	45,583	58,829	53,292	3.5%	74.7%
15	岐阜工機	35,788	38,922	48,829	50,383	51,038	3.3%	78.1%
16	飛鳥工業	83,399	60,389	66,839	55,981	50,038	3.3%	81.4%
17	三河産業	79,938	63,829	55,231	53,009	48,382	3.2%	84.5%
18	甲斐製作所	35,882	33,829	39,302	40,133	44,011	2.9%	87.4%
19	多摩工業	29,309	20,092	25,334	30,582	35,092	2.3%	89.7%
20	加賀電機	31,002	35,321	30,092	30,155	32,291	2.1%	91.9%
	その他	140,382	138,229	125,993	139,283	124,253	8.1%	100.0%
	売上合計	1,421,600	1,395,526	1,276,916	1,424,424	1,524,904	100.0%	
	顧客数	86	85	83	84	82		

7.8

売上分解③
商品・サービス別売上で構成比と推移を確認する

●商品・サービス別売上で「収益の源」を把握する

　会社の今後の成長性を見極めるためには，その会社の実際の売上高がどの商品・サービスによってもたらされているのかを把握し，その売上推移を確認します。そのために売上高を商品・サービス別に分解します。これにより，自社の定番商品の把握や，各商品の売上構成比（貢献度），商品別の成長や衰退状況が把握できます。なお，商品・サービスの分解は，顧客が法人・個人問わず実施できますが，商品が特注専門，商品が1種類のみ，取り扱う商品が固定されていない等の場合は，商品・サービス別の売上分解は不要です。

●商品カテゴリー別にグルーピングして傾向をつかむ

　商品別に分類したら，それらを商品カテゴリーにグルーピングします。

　例えば，右下段の表では，まずは量産品と特注品に分類しています。量産品は競合が多いため，基本的に「薄利多売」で，量を売って利益を稼ぐ必要があります。中小・零細企業は量産品だけでは今後十分な利益を獲得することは厳しいかもしれませんが，もし量産品の構成比が高ければ，安定した固定客の存在も踏まえてレッドオーシャンの中で生き残れるか，大口取引先との関係性はどうなのかがカギとなります。一方で，特注品は，自社オリジナルであるため，競合はおらず高利益率を狙えます。オリジナル製品の割合が高ければ，顧客の状況によりますが，今後も安定した利益を確保できることが期待できます。

　次に自社製品と他社製品の分類では，他社製品は仕入販売のため原価が材料費以外ほとんどかかりません。そのため，他社製品で量を販売できているか，自社製品でしっかり利益が出せているかが評価のポイントです。

　さらに商品カテゴリーで分類すると，売上高が高い商品群がわかり，どのカテゴリーが最も顧客に求められているかが把握できます。そして今後の展開として，強いカテゴリーの商品開発を強化してラインアップを増やす等の施策が考えられ，その企業の成長性を評価することができます。

▷商品別売上推移

（単位：千円，%，社）

No.	商品名	H28.3期 売上	H29.3期 売上	H30.3期 売上	H31.3期 売上	R2.3期 売上	構成比	累計
1	A商品	330,222	360,820	323,892	343,577	358,299	23.6%	23.6%
2	B商品	165,832	192,832	163,321	175,399	189,382	12.5%	36.1%
3	C商品	143,998	123,002	103,002	112,013	153,882	10.1%	46.2%
4	D商品	113,677	103,209	93,292	135,938	135,958	9.0%	55.2%
5	E商品	105,229	95,428	105,428	109,827	102,385	6.7%	62.0%
6	F商品	93,574	88,503	89,503	93,382	98,002	6.5%	68.4%
7	G商品	79,207	62,238	82,238	92,298	85,211	5.6%	74.0%
8	H商品	80,192	73,199	63,102	75,982	79,392	5.2%	79.3%
9	I商品	89,552	91,392	71,738	83,990	76,932	5.1%	84.3%
10	J商品	77,992	66,113	55,938	70,324	69,382	4.6%	88.9%
	その他	145,389	138,447	128,447	140,090	168,253	11.1%	100.0%
	売上合計	1,424,864	1,395,183	1,279,901	1,432,820	1,517,078	100.0%	
	商品数	90	88	89	83	86		

▷カテゴリー別売上推移

（単位：千円，社，%）

カテゴリー		H28.3期 売上	H29.3期 売上	H30.3期 売上	H31.3期 売上	R2.3期 売上	構成比
量産品 特注品	量産品	953,892	903,855	853,920	835,592	803,910	52.7%
	特注品	467,708	491,671	422,996	588,832	720,994	47.3%
	合計	1,421,600	1,395,526	1,276,916	1,424,424	1,524,904	100.0%
自社製品 他社製品	他社製品	899,201	853,889	850,025	849,583	829,381	54.4%
	自社製品	522,399	541,637	426,891	574,841	695,523	45.6%
	合計	1,421,600	1,395,526	1,276,916	1,424,424	1,524,904	100.0%
商品 カテゴリー	半導体	479,673	460,296	435,011	482,982	493,880	32.4%
	制御機器	342,677	330,533	301,938	310,559	348,592	22.9%
	電気部品	270,209	270,112	227,399	269,387	295,830	19.4%
	検査・計測機器	124,492	125,082	133,999	143,335	158,829	10.4%
	プリント基板	138,399	120,992	93,888	125,882	135,992	8.9%
	その他	66,150	88,511	84,681	92,279	91,781	6.0%
	合計	1,421,600	1,395,526	1,276,916	1,424,424	1,524,904	100.0%

COLUMN

事例7　居酒屋

売上高	5,000万円	借入金	6,000万円
社員数	10名	社長	30代男性

　地方の50坪ほどの大きさの貝類専門居酒屋で，駅から徒歩1分，近くにビジネスホテルも多いため好立地です。業績は黒字ですが，地元客からの評価は低く，食べログの点数も非常に低くなっています。そのため，旅行客からは人気で旅行シーズン中は賑わうのですが，オフシーズンでは来店客が大幅に減少し，季節の繁閑差が大きくなっています。

　当店にはさまざまな問題がありました。まずは貝類専門でありながら貝類メニューの数が通常の居酒屋メニューと変わりません。店内はハイボールなどメーカーのポスターやPOPがベタベタと貼ってあり，貝類専門の雰囲気を感じさせません。店内のオブジェも，貝類ではない魚がぶら下がっており，オブジェは埃にまみれていました。また，椅子やテーブルは安っぽく，店内に自販機やテレビもあるため，貝類専門店というより大衆食堂のようなイメージです。さらに，厨房とホールのスタッフが，大声で笑ったり，顧客の見えるところでコーラをラッパ飲みしたり，ホールに置かれているテレビを見たりするなど好き放題でした。しかし，同社には接客マニュアルがなく，おもてなしについて指導する人材もいませんでした。

　改善策は，「貝料理専門店」のコンセプトに合わせてすべてを見直すことです。まずは徹底的に貝類にこだわったメニュー作りを行い，貝を使ったさまざまなメニューを大幅に増やします。メーカーPOPやポスターは取り外し，貝類以外のオブジェも排除し，自販機やテレビも撤去します。次にスタッフの教育は，簡単なマニュアルを作成し，アルバイトにも最低限のマナーを学ばせます。そしてホールの責任者を1名任命して接客指導責任者とし，OJTで改善を図ります。このように商品力と接客力を高めて「貝専門店」としてのブランドイメージ獲得に努めます。

第8章　財務分析で収益性・効率性・生産性・安全性を把握する

8.1

収益性分析：収益状況の評価

　本章では，PLとBSを使った各種の財務分析と業界平均との比較の方法を見ていきます。業界平均は，日本政策金融公庫の「中小企業の経営等に関する調査」（https://www.jfc.go.jp/n/findings/sme_findings2.html）で確認することができます。なお，業界平均は，調査機関によって数値が異なるため，厳密に比較するのではなく参考程度にとどめておきます。

●**収益性分析で，各利益・各経費の売上高に対する割合を確認する**

　収益性分析では，売上高と，各利益・各経費の比率を見ます。

　右図表の「⑧売上高総利益率」は「粗利率」と呼ばれるもので，売上高から原価を差し引いた売上総利益に対する売上高の割合を示しています。製造業の場合，原価管理の有無によって，含まれる原価の中身が大きく異なるため注意が必要です。

　「⑨売上高営業利益率」は，本業の利益である営業利益の売上高に対する割合です。まずはこの営業利益の黒字化が事業を営む上で必須の条件であり，さらに営業利益率を業界平均と同等レベルにあるかどうかが本業の収益力のポイントになります。

　「⑩売上高経常利益率」では，営業利益から，主に支払利息を差し引いた後の経常利益の売上高に対する割合を表します。経常利益は企業の真の実力値といえるため，マイナスが続いていると，その企業は金融支援が必要な会社であると考えられます。

　「⑪売上高人件費比率」は，売上高に対する人件費合計（労務費・法定福利費・福利厚生費等も含む）の割合です。中小・零細企業の場合，経費で最も負担となるのが人件費であるため，この比率が高ければ，従業員1人当たり人件費（8.3「生産性分析」参照）が業界平均と大きく開きがなければ，売上高に対して労働力が過剰である可能性があるため，人材の効

率化を図り，極力人件費を抑える必要があります。

「⑫売上高諸経費比率」は，販管費の中から，人件費・減価償却費・外注加工費を差し引いた値の売上高に対する割合であり，人件費以外の経費を余分に使っていないかがわかります。この値が高ければ，販管費をさらに各勘定科目に絞って確認する必要があります。

最後に「⑬売上高金融費用比率」は，売上高に対する支払利息の割合を表しています。業績が悪化して金融支援が必要となっている再生企業の場合，売上高と比較して借入金が通常より多く，一般的には利率も高くなる傾向にあるため，この比率が高くなっています。この割合が高すぎる場合，利益のほとんどが利息に回され，事業運営に支障をきたすため，支払利息の利率の再検討の必要がでてくる場合もあります。

▶収益性分析（例）

	指　標	計算式	単位	H30.3期 実績	H31.3期 実績	R2.3期 実績	業界平均
①	売上高		千円	229,573	218,627	194,760	－
②	売上総利益		千円	54,491	48,833	44,985	－
③	営業利益		千円	16,874	▲1,135	3,527	－
④	経常利益		千円	8,005	▲7,176	▲1,293	－
⑤	人件費		千円	25,841	27,717	26,501	－
⑥	諸経費[*1)]		千円	10,689	19,051	13,073	－
⑦	支払利息		千円	4,212	4,076	4,076	－
⑧	売上高総利益率	②÷①×100	%	23.7%	22.3%	23.1%	29.8%
⑨	売上高営業利益率	③÷①×100	%	7.4%	−0.5%	1.8%	−1.2%
⑩	売上高経常利益率	④÷①×100	%	3.5%	−3.3%	−0.7%	−0.8%
⑪	売上高人件費比率	⑤÷①×100	%	11.3%	12.7%	13.6%	16.0%
⑫	売上高諸経費比率	⑥÷①×100	%	4.7%	8.7%	6.7%	15.0%
⑬	売上高金融費用比率	⑦÷①×100	%	1.8%	1.9%	2.1%	0.8%

＊1）諸経費は，人件費，減価償却費，外注加工費を含めない額

8.2

効率性分析：売上債権と在庫，運転資金状況の評価

●効率性分析で，売掛金や棚卸資産などの回転率と回転期間を確認する

　効率性分析では，資産全体の回転率のほか，売上債権・棚卸資産・支払債務の回転期間を見ます。「回転率」は，各資産・負債が，売上高・仕入高に対して何回転しているか（単位：回）を表し，「回転期間」は，実際の回転する期間（単位：か月）を表します。どちらで確認してもいいのですが，売上債権や棚卸資産，支払債務では，回転率より回転期間のほうがイメージしやすいため，本書では回転期間を使います。

　「⑩総資本回転率」は売上高に対して総資産が何回転しているかという資産全体の効率性を表しています。この値が低ければ，資産は多い割に売上が小さく，資産を効率的に活用できていないことを意味するため，「過剰資産」の可能性があります。ただし，中小・零細企業の場合，事業に無関係な資産を保有していることも多いため，厳密な評価はできません。

　「⑪売上債権回転期間」は，売上債権（売掛金と受取手形）が現金として回収されるまでの期間を示した指標です。この値が大きいと，売上を計上してから入金するまでの期間が長く，売上を計上してもなかなか現金が入ってこないことになり，キャッシュフロー圧迫の要因になります。例えば，この値が「2.5か月」であれば，売上から現金化されるまでに2.5か月もかかることを意味します。ただしこの中に不良債権が含まれている場合，その不良債権を除いたものが実質的な回転期間になります。

　「⑫棚卸資産回転期間」は，在庫である棚卸資産が，何か月分の月商（売上高）に相当しているかを表します。この値が大きいと，仕入れたものを販売・現金化するスピードが遅いことになるので，キャッシュフローを圧迫していることになります。ただしこの中に，商品として活用できない死蔵在庫が含まれている場合，この死蔵在庫を除いたものが実質的な回転期

間になります。なお，この数値が大きくなる要因として，材料や製品在庫の余剰や，死蔵在庫が増えている可能性があります。

「⑬仕入債務回転期間」は，仕入債務（買掛金と支払手形）が現金で支払われるまでの期間を示した指標です。この値が大きいと，商品や材料を仕入れても現金の支払を長い間待ってもらえることになるので，キャッシュフローが楽になります。なお，再生企業で倒産危機という風評被害が起きてしまうと，取引業者は掛売りから代引きに切り替えてくるので，この期間は一気に短くなり，キャッシュフローが厳しくなっていきます。

「⑭CCC（キャッシュ・コンバージョン・サイクル）」は，仕入代金の支払から売上の入金に至るまでに要する日数のことで，この日数が短いほど，企業の現金回収サイクルが早く，資金が効率的に使われていることを意味します。なお，この期間で必要となる資金が「運転資金」です。

▶効率性分析（例）

	指 標	計算式	単位	H30.3期 実績	H31.3期 実績	R2.3期 実績	業界平均
①	売上高		千円	229,573	218,627	194,760	－
②	月商	①÷12か月	千円	19,131	18,219	16,230	－
③	仕入高		千円	175,082	169,793	149,775	－
④	月平均仕入高	③÷12か月	千円	14,590	14,149	12,481	－
⑤	総資本		千円	343,899	326,021	303,597	－
⑥	売上債権		千円	105,328	104,835	109,071	－
⑦	期首棚卸資産		千円	57,524	73,793	63,654	－
⑧	期末棚卸資産		千円	73,793	63,654	72,405	－
⑨	支払債務		千円	97,604	77,050	56,138	－
⑩	総資本回転率	①÷⑤	回	0.7	0.7	0.6	2.8
⑪	売上債権回転期間	⑥÷②	か月	5.5	5.8	6.7	1.6
⑫	棚卸資産回転期間	{(⑦＋⑧)÷2}÷②	か月	3.4	3.8	4.2	1.2
⑬	仕入債務回転期間	⑨÷④	か月	6.7	5.4	4.5	1.6
⑭	CCC（キャッシュ・コンバージョン・サイクル）	⑪＋⑫－⑬	か月	2.25	4.08	6.41	1.2

8.3

生産性分析：人と設備の有効利用の評価

●**生産性分析で，ヒトとモノの収益性や活用状況を確認する**

　生産性分析では，ヒト（人件費）とモノ（施設や設備の有形固定資産）といった資源からどれだけ多くの収益を生み出せるか，およびこれら資源がどの程度有効に活用できているかを確認します。

　「⑥従業員1人当たり売上高」は，文字通りの指標で，この値が極端に小さければ社員の売上貢献度が低く，人材の貢献度が低いと判断できます。

　「⑦従業員1人当たり粗付加価値額（労働生産性)」は，1人の労働者につきどれくらいの利益が得られたのかを示すものです。社員のスキルや仕事へのモチベーション，社員教育の成果などが反映されている指標で，高い場合，人材の生産性が高く，自社の製品・サービスを高く売る力があると判断されます。なおこの指標は，資本生産性（⑩）とトレードオフの関係にあります。

　「⑧売上高粗付加価値額比率」は，売上高に対する粗付加価値の割合です。当然高いことが望まれます。

　「⑨従業員1人当たり有形固定資産（資本装備率)」は，労働量に対する資本量の比率です。この値は，機械や設備への投資の程度を表すもので，設備投資を増やせば上昇します。中小・零細企業は未稼働の設備も多いため，設備の使用状況や稼働率を確認しなければ，この数値の有効性までは判断できません。

　「⑩有形固定資産粗付加価値額比率（資本生産性)」は，有形固定資産が生み出す付加価値の割合を示します。一般的にこの資本生産性は労働生産性（⑦）とトレードオフの関係になります。例えば，設備の導入により自動化を図ったメーカーの場合，従業員を減らすことで労働生産性が上がりますが，設備を増やした分だけこの資本生産性が下がります。

　「⑪有形固定資産回転率」は，施設や設備の収益に対する貢献状況や活用状況を示す値です。この値が業界平均値を大幅に下回ったり（過剰設備），上回ったり（設備投資不足）しないことが求められます。

　「⑫従業員1人当たり人件費」は，従業員の平均給与です。中小・零細企業の場合，大企業と比べてこの値が非常に低いのが特徴です。

　「⑬粗付加価値額人件費比率（労働分配率）」は，獲得した粗付加価値に対する人件費の割合を示します。この値が100％を超えていれば，獲得した粗付加価値すべてが人件費に流れていることになるため，その場合は原価や販管費全体の見直しが必須の状態であるといえるでしょう。

▶ 生産性分析（例）

	指　標	計算式	単位	H30.3期 実績	H31.3期 実績	R2.3期 実績	業界平均
①	売上高		千円	229,573	218,627	194,760	―
②	粗付加価値額*1)		千円	39,145	27,817	31,168	―
③	人件費		千円	25,841	27,717	26,501	―
④	有形固定資産		千円	60,112	61,958	60,075	―
⑤	従業員数		人	8	8	8	―
⑥	従業員1人当たり売上高	①÷⑤	千円	28,697	27,328	24,345	38,298
⑦	従業員1人当たり粗付加価値額（労働生産性）	②÷⑤	千円	4,893	3,477	3,896	4,785
⑧	売上高粗付加価値額比率	②÷①×100	％	17.1％	12.7％	16.0％	17.4％
⑨	従業員1人当たり有形固定資産（資本装備率）	④÷⑤	千円	7,514	7,745	7,509	3,561
⑩	有形固定資産粗付加価値額比率（資本生産性）	②÷④×100	％	65.1％	44.9％	51.9％	1944.5％
⑪	有形固定資産回転率	①÷④	回	3.8	3.5	3.2	173.9
⑫	従業員1人当たり人件費	③÷⑤	千円	3,230	3,465	3,313	4,207
⑬	粗付加価値額人件費比率（労働分配率）	③÷②×100	％	66.0％	99.6％	85.0％	97.8％

＊1）粗付加価値額は，人件費，減価償却費，支払利息割引料および税引前当期純利益を合計した額

8.4

安全性分析：短期支払能力と長期支払能力の評価

●安全性分析で，短期と長期の支払能力を確認する

　安全性分析は，短期と長期の支払能力を表すもので，会社が短期的・中長期的に事業を継続していける状態かどうかを確認します。

　「⑪当座比率」は，短期的な安全性を示しており，流動資産の中で，現預金と，近い将来現金化できる売上債権を合計した当座資産を，1年以内の支払義務のある流動負債で割った値で，100～150％が正常値の目安です。この値が100％未満や極端に小さい場合，短期的な支払能力に問題があります。再生企業の多くは，この値が小さくなっています。

　「⑫流動比率」は，流動資産を流動負債で割った値です。ただし，⑪当座比率のほうが短期支払能力を厳密に表しているため，当座比率の補足としてチェックします。

　「⑬借入金回転期間」は，借入金（短期借入金と長期借入金の合計）を，月商（月平均売上高）で割った値で，借入残高が何か月分の売上に相当しているかを示しています。なお，企業経営を健全に維持できるボーダーラインは4～5か月程度といわれており，この値を超えていると，借入金が過大であるといえます。ただし，業界平均でもこの値を超えている場合もあるため，業界平均との比較もあわせて判断していきます。

　「⑭固定長期適合率」は，長期的な安全性を示しており，固定資産がどの程度，返済不要な自己資本と，長期的に返済できる（すぐに返さなくて良い）長期借入金で賄われているかを示すものです。固定資産というものは，事業を行うに当たって長期的に必要な資産であるため，事業から得られる収益でゆっくりと長期的に賄っていくものである，と考えるわけです。したがって，この値が小さいほど安全な状態といえますが，この値が100％を超えていると，短期的に支払義務がある流動負債で設備や資産を

賄っている部分もあることになるため，短期的な返済や支払の負担が大きく，資金繰りを圧迫する可能性が出てきます。

「⑮自己資本比率」は，返済不要な自己資本（純資産）の，資産全体に対する割合で，高ければ高いほど安全であるといえます。再生企業では，自己資本比率が極めて小さい，あるいはマイナス（債務超過）の場合が多くなっています。

▶ 安全性分析（例）

	指　標	計算式	単位	H30.3期実績	H31.3期実績	R2.3期実績	業界平均①
①	売上高		千円	229,573	218,627	194,760	―
②	月商	①÷12か月	千円	19,131	18,219	16,230	―
③	当座資産		千円	200,411	191,396	161,741	―
④	流動資産		千円	277,915	258,182	237,641	―
⑤	流動負債		千円	146,541	127,868	104,167	―
⑥	借入金（短期借入＋長期借入）		千円	200,782	200,782	200,782	―
⑦	固定資産		千円	65,984	67,839	65,956	―
⑧	固定負債		千円	155,782	155,782	155,782	―
⑨	純資産		千円	41,576	42,371	43,648	―
⑩	総資本		千円	343,899	326,021	303,597	―
⑪	当座比率	③÷⑤×100	％	136.8％	149.7％	155.3％	212.9％
⑫	流動比率	④÷⑤×100	％	189.7％	201.9％	228.1％	347.9％
⑬	借入金回転期間	⑥÷②	か月	10.5	11.0	12.4	6.2
⑭	固定長期適合率	⑦÷（⑨＋⑧）×100	％	33.4％	34.2％	33.1％	71.6％
⑮	自己資本比率	⑨÷⑩×100	％	12.1％	13.0％	14.4％	−24.1％

8.5

資金繰り分析：資金繰りの評価

●PLとBSで，資金繰りの状況を確認する

　中小・零細企業の場合，事業を継続する上で最も重要なのが資金繰りです。この資金繰りの状況を確認するには，現預金の出入りがわかるCF表や資金繰り表を見れば一目瞭然なのですが，CF表は中小・零細企業では通常作成されず，また資金繰り表を作成していない中小・零細企業が非常に多いのが現状です。そこで，過去の資金繰りの状況を，PLとBSで把握できる範囲で確認します。

　資金繰りの状況を確認する方法が，右表の「⑪現預金・債権と債務・未払の差額」です。これは，現預金と売上債権から，支払債務と未払勘定を差し引いた差額を表しています。これがマイナスであるということは，近々支払わなければならない債務が，現預金と，短期的に現預金化できる売上債権を上回っていることになり，資金繰りが危機的状況であることがわかります。

　その他の指標として「⑯手元流動性比率」があります。手元流動性比率とは，現金預金を月商で割ることで求められ，現在残っている現金預金は月商（1か月分の売上高）の何か月分なのかを表します。

　製造業や建設業など，法人や自治体向けのビジネスの多くは売掛金商売です。そのため，仕入（買掛金）の支払から，製品を製造・販売して売掛金を回収するまでにタイムラグが発生します。これが運転資金です。そしてこの運転資金は，大きいと数か月分にもなります。つまり，製造して販売するための製品は，販売して入金される何か月も前に，その製品を製造するための各種材料を購入しなければなりません。そのためには，その間の運転資金を確保しておかなければ事業が回らなくなるのです。また，売掛金の入金前に，人件費や家賃などの固定費の支払期日が訪れる場合も多

くあります。そのため，必要な支払をするためにある程度の現金を手元に持っておく必要があります。

このように運転資金は，材料費や買掛金，固定費の支払に活用するために必要な資金になります。

売掛金商売か現金商売かにもよりますが，一般的にこの手元流動性比率は1～1.5か月が平均で，1か月を切っている場合は現金預金に余裕がなく，資金繰りが厳しい状況であると想定されます。

▶資金繰り状況（例）

	指　標	計算式	単位	H30.3期実績	H31.3期実績	R2.3期実績
①	短期借入金		千円	45,000	45,000	45,000
②	長期借入金		千円	155,782	155,782	155,782
③	借入合計	①＋②	千円	200,782	200,782	200,782
④	支払利息		千円	4,212	4,076	4,076
⑤	買入債務		千円	97,604	77,050	56,138
⑥	未払（借入金，買入債務以外）		千円	3,741	5,472	2,792
⑦	買入債務＋未払	⑤＋⑥	千円	101,345	82,522	58,930
⑧	現金預金		千円	95,083	86,560	52,670
⑨	現預金と債務・未払の差額	⑧－⑦	千円	▲6,262	4,038	▲6,259
⑩	売上債権		千円	105,328	104,835	109,071
⑪	現預金・債権と債務・未払の差額	⑧＋⑩－⑦	千円	99,066	108,874	102,811
⑫	簡易CF（経常利益ベース）		千円	9,198	▲4,063	867
⑬	簡易CF－元金返済額（＋借入額）	⑫－（③－前年③）	千円	▲10,802	▲4,063	867
⑭	借入利息の利率	④÷③（借入平均）	％	2.1%	2.0%	2.0%
⑮	月商		千円	19,131	18,219	16,230
⑯	手元流動性比率	⑧÷⑮	か月	5.0	4.8	3.2

8.6

店舗事業（飲食業・サービス業）の財務分析

●FL比率，FLR比率

飲食店や宿泊業などでよく使われるのがFL比率とFLR比率です。

FLコストとは，FOOD（食材費≒原価）とLABOR（人件費）の合計のコストであり，FL比率は，FLコストの売上高に対する比率（FLコスト÷売上高）を示したものです。このFL比率は各店舗の戦略によって異なりますが，業界目安としては50％程度といわれています。

また，これにRENT（家賃）を加えたものがFLRコストです。FLRコストの売上高に対する比率（FLRコスト÷売上高）がFLR比率で，70％以内に抑えるのが目安といわれています。経費の多くを占めるFLRコストを売上高から差し引いた金額から，光熱費などの諸経費を賄い，利益を出していく必要があるためです。

●客席回転率・客単価・人時売上高

売上高を高めるためには，客席回転率と客単価を上げることが方法の1つです。客席回転率とは，1日の客数を座席数で割って算出します。例えば，席数30席の店舗に1日150人の顧客が来れば，客席回転率は150人／日÷30席＝5回転（5人／席・日）です。この指標を上げるには，商品力を向上させることが第一ですが，その他客席の配置を効率化して一度に多くの顧客が入れるレイアウトにすること，そして料理などのサービスの提供や後片付けを素早く行うことです。

その他，人時売上高（にんじうりあげだか）とは，店舗の月間売上高を，店長やパートも含めた店舗全従業員の月間総労働時間で割った値のことで，1人の従業員が1時間にいくら稼ぐかという収益性を示した指標です。そのため，収益性に加え，従業員の効率性の目安にもなります。サービス業であるため接客を犠牲にすることはできませんが，本指標は高いことが望

ましく，飲食店の場合，人時売上高が5,000円を超えていれば利益を生み出しやすい店であるといえます。

　なお，これらは繁忙期と閑散期の双方を確認し，繁忙期は1年で最も多忙な月，閑散期は1年で最も暇な月で算出します。

▶飲食店・サービス業の指標（例）

【FL比率／FLR比率（飲食店・宿泊業）】

	指　標	計算式	単位	H30.3期実績	H31.3期実績	R2.3期実績	業界目安
①	売上高		千円	38,258	37,584	37,104	－
②	材料費（F：FOOD）		千円	12,027	11,938	11,898	（30%）
③	人件費（L：LABOR）		千円	13,085	13,082	13,239	（20%）
④	地代家賃（R：RENT）		千円	7,650	7,650	7,650	（20%）
⑤	FLコスト	②＋③	千円	25,113	25,020	25,137	－
⑥	FL比率	⑤÷①	%	65.6%	66.6%	67.7%	50%
⑦	FLRコスト	②＋③＋④	千円	32,763	32,670	32,787	－
⑧	FLR比率	⑦÷①	%	85.6%	86.9%	88.4%	70%

【その他（飲食店・生活関連サービス業）】

	指　標	計算式	単位	H30.3期実績	H31.3期実績	R2.3期実績	業界目安
①	1日の客数（繁忙期）		人	183	175	166	－
②	1日の客数（閑散期）		人	80	78	74	－
③	1日の売上高（繁忙期）		円	184,722	175,322	166,328	－
④	1日の売上高（閑散期）		円	86,992	80,338	74,208	－
⑤	座席数		席	30	30	30	－
⑥	客席回転率（繁忙期）	①÷⑤	回	6.1	5.8	5.5	－
⑦	客席回転率（閑散期）	②÷⑤	回	2.7	2.6	2.5	－
⑧	客単価（繁忙期）	③÷①	円	1,009	1,002	1,002	－
⑨	客単価（閑散期）	④÷②	円	1,087	1,030	1,003	－
⑩	店舗の月間売上高（繁忙期）		円／月	2,588,239	2,438,992	2,361,182	－
⑪	店舗の月間売上高（閑散期）		円／月	1,622,895	1,609,033	1,598,332	－
⑫	店舗の月間総労働時間（繁忙期）[*1)]		時間／月	1,100	980	940	－
⑬	店舗の月間総労働時間（閑散期）[*1)]		時間／月	860	860	860	－
⑭	人時売上高（繁忙期）	⑩÷⑫	円／人時	2,353	2,489	2,512	5,000
⑮	人時売上高（閑散期）	⑪÷⑬	円／人時	1,887	1,871	1,859	

＊1）店舗に従事する店長，社員，パート・アルバイト，全員の合計の労働時間

C O L U M N

事例8　美容院

売上高	8,000万円	借入金	2,700万円
社員数	30名	社長	40代男性

　美容院3店舗を運営するフランチャイジーの事例です。FC本部から業務用商品や技術メニュー，POSシステム，販促物などの提供があり，本部に対してはFC加盟保証金のほか，毎月一定額のロイヤルティと店舗リース料を支払います。FCのためサービス内容や料金はあらかじめ決められており，かつ美容業界は競争が激しく，サービス内容は同質化しています。そのため，労働集約型で低付加価値であり，一定の売上ボリュームがなければ利益獲得が難しいビジネスです。したがって経営のポイントとなるのは，新規顧客の集客と，新規顧客の満足度を高めてリピート率を高めること，そのためのサービス内容を充実させていくことにかかっています。

　同社の強みは「カウンセリングルーム」の存在です。ここで顧客の要望を丁寧に聞き取り，その要望に応じて丁寧に施術することで，顧客の満足度を向上させ，リピート率向上を図ることが可能です。

　しかし問題点としては，店長や社員だけでなく社長までもが，このカウンセリングルームが「顧客との関係性を構築する重要な工程であり，当社の強みである」と認識していないことです。そのためカウンセリングが単なる聞き取り作業になっており，効果が十分に発揮されていませんでした。

　改善策は，カウンセリングのスキルを向上させるノウハウの体系化と，育成システムの確立です。そして集客サイトでは価格訴求ではなく，同社の強みを明確にした集客を行うこと，つまり「カウンセリングルームで，プロの施術師が丁寧に要望を聞き，1人ひとりに合った髪型を提案する」ことを前面にアピールすることです。さらに紹介制度を導入すれば，満足した顧客が積極的に紹介してくれるようになるため，より多くの新規顧客を取り込むことが可能になります。

第9章 「事業性評価シート」フォーマット

9.1
「事業性評価シート」の評価方法と特徴

本章では，本書でご紹介する「事業性評価シート」について解説していきます。

●コンサルタントのノウハウを見える化したしくみ

本事業性評価シートは，経営・事業再生コンサルタントの暗黙知となっているノウハウを形式知化し，さらに共有化しやすいよう評価内容を見える化して，誰にでも実施できるようにしたものです。

専門家の視点で事業を評価するためには，評価者自身が，まずはヒアリングを行って会社の現状を詳細に把握し，会社の問題点と強みを詳細に抽出します。そしてその上で，事業について一定レベルの品質で評価できるようにすることが重要です。そのためには，事業の各機能を中小・零細企業向けに的確に細分化しなければなりません。そのため，この事業性評価シートのヒアリング項目は，中小・零細企業の実態に合うように，ロジックツリーでその切り口を細分化したものです。また各ヒアリング項目で，具体的にどのような質問をして，どのような情報を入手すれば，適切な評価ができるのかを明らかにしています。これらが，経営・事業再生コンサルタントの頭の中で判断されていた暗黙知であり，本書ではここを形式知化し，文章で見える化しています。

その他，本事業性評価シートは，各項目に対して一律に評価基準を設けるのではなく，重要度もあわせて評価することで，対象企業によって異なる各項目の重要度を重みづけできるようにしています。さらに総合評価も，財務面・事業面，それぞれに分けて，A〜Eのアルファベットで評価することで，定量面・定性面の双方で総合評価を行うことができます。

本書の事業性評価の特徴については，右のとおり整理していますので，そちらをご覧ください。

▶本書の事業性評価の特徴

① **中小・零細企業に適合するよう独自のフレームに分割し，さらに評価項目を詳細に分解**

　企業の各機能を中小・零細企業に適合するよう，独自のフレームに分割。

　さらに独自のヒアリング項目に細かく分解し，各項目で評価を行うことで，漏れなく現状把握が可能となり，詳細に「強み」「問題点」を抽出することが可能。

② **コンサルタントのノウハウを凝縮させたヒアリング事項，判断内容**

　経営コンサルタントの膨大なノウハウで暗黙知であった，各ヒアリング項目の質問事項と判断内容を，形式知化して文書で見える化。

　記載事項に沿って質問・判断すれば，コンサルティング未経験者でも容易に分析と判断が実行でき，高品質な評価が可能。

③ **外部環境を「業界動向」「顧客ニーズ」「競合分析」に分割して5段階で重要度を評価**

　外部環境を，中小零細企業にとって重要で，かつ簡単な調査とヒアリングで確認できる「業界動向」「顧客ニーズ」「競合分析」の3つに限定し，その重要度を5段階で評価。

④ **定量評価を「収益性」「効率性」「生産性」「安全性」に分割して5段階で重要度を評価**

　PL/BS，経営分析等の結果を踏まえ，「収益性」「効率性」「生産性」「安全性」の4つの視点から強み，問題点・課題を整理し，各々を5段階の重要度で評価。

　定量面の分析結果を，事業面を踏まえて4つの視点で重要度を評価することで，より現実的かつ精度の高い評価が可能。

⑤ **ヒアリング項目の確認事項の定性結果を，「評価」と「重要度」各々5段階で評価**

　詳細に分割した「確認事項」のヒアリングで現状把握を行いながら，強みと問題点を抽出して明記するため，本質的な評価が可能。

　さらにその内容を「評価」「重要度」として数値で示すため，わかりやすい。

⑥ **事業面の総合評価を「安定性」「持続性」「成長性」に分類して評価**

　詳細な事業面の定性評価を，総合評価として「安定性」「持続性」「成長性」の3点に絞り込み，強み・問題点と重要度の分析結果を踏まえて最終評価を行う。

　これにより，重要度の高い要素に評価を絞り込むことができる。

⑦ **総合評価を「財務面」と「事業面」に分類し，A〜Eの評点で評価**

　総合評価を大きく「財務面」と「事業面」に分類して各々で評価することで，財務面と事業面を混同することなく，各々に沿った評価が可能。

　財務面は「収益性」「効率性」「生産性」「安全性」，事業面は「安定性」「持続性」「成長性」に分類し，各々の項目についてA〜Eで評価し，さらに「財務面」「事業面」としての総合評点を，同様にA〜Eで評価。

　これにより，財務面と事業面の双方を，各項目とトータルの双方の評価が確認できる。

9.2

「事業性評価シート」の全体構成

●「事業性評価シート」の項目とその内容

続いて「事業性評価シート」のフォーマットについて説明します。

まずは事業性評価シートの全体構成は右図のとおりです。これは製造業の例ですが，それ以外の業種の場合は「Ⅳ　内部環境分析」をその業種に応じて変更することになります。

「Ⅰ　会社の概要」は，会社の概要や全体像を把握するための章です。会社の状況をよりよく理解するために，まずは会社の基本情報や株主構成の「会社概要」，組織図や構成メンバーの「組織概要」「事業概要」といった会社の全体像を整理します。

「Ⅱ　外部環境分析」は，業界動向といったマクロ情報のほか，顧客ニーズや競合分析について整理します。

「Ⅲ　経営分析」では，前述したさまざまな財務分析の結果を本章で整理し，会社の過去から現在までの収益状況と財務基盤状況を確認します。さらに，事業別売上推移や，顧客別・商品別の売上推移など，売上高の詳細の分析も行い，収益状況に関する詳細を把握します。

ただし経営分析は，あくまで定量分析の結果であるため，これだけでは事業の中身は理解できず，企業の持続性や成長性といった将来性を判断することはできません。そのため，次の内部環境分析（定性分析）で要因分析を行い，その結果の原因を明らかにすることが大切です。なお実務では，ヒアリングを行う前に，まず決算書による経営分析を行います。

「Ⅳ　内部環境分析」は，事業性評価の最重要ポイントであり，事業活動をバリューチェーンで各機能について分析，評価を行います。そして各機能をヒアリング項目としてロジックツリーで細かく分解していますので，詳細に各項目で強みや問題点を丁寧に抽出して評価を行います。

　最後に「Ⅴ　総合評価」は，まずはこれまで数値分析と内部環境分析で抽出した会社の強みと問題点・課題，機会と脅威を一覧できるようSWOT分析で整理します。その上で，ポイントとなる（重要度の高い）強みと問題点・課題を踏まえ，その会社の総合評価となる事業性評価を行います。

▶ **事業性評価シートの全体構成（例：製造業）**

```
Ⅰ　会社の概要
　1．会社概要
　2．組織概要
　3．事業概要
Ⅱ　外部環境分析
Ⅲ　経営分析
　1．収益と財務基盤の推移
　2．業績推移（PL）
　3．財務分析
　4．顧客別／商品別売上推移
Ⅳ　内部環境分析
　1．経営・組織活動
　2．営業・販売活動
　3．製造活動
Ⅴ　総合評価
　1．SWOT分析
　2．当社の事業性評価
```

9.3

「事業性評価シート」の内部環境分析の構成

●内部環境分析の全体像と特徴

　内部環境分析の全体構成は右図のとおりです。

　大きくは会社の機能として「経営・組織活動」「営業・販売活動」「製造活動」「店舗活動（小売業・飲食業・サービス業)」「卸売業」があり，各機能の内容を網羅的に整理できるように詳細項目を挙げています。

　例えば「経営・組織活動」については，「経営の基本事項」「リーダーシップ」「戦略・戦術と経営体制」「収益管理」「経営のPDCAサイクル」「組織体制と組織力」「人材・スキル，人事」の7フレームに分類されています。

　そして中小・零細企業として特徴的なのは，2つめの「リーダーシップ」です。中小・零細企業は大企業と異なり，経営資源（ヒト・モノ・カネ）が乏しく，組織体制も脆弱で，かつ社長自身が会社の連帯保証人にもなっているため，社長の資質や力量，取り組み姿勢が企業経営に大きく影響します。そのため，社長個人について具体的に見極めることも重要な評価の1つになります。ただし，リーダーシップの項目すべてに高いレベルで実施している社長はいませんので，その企業にとってどの項目の重要度が高いのかを見極めるのも1つのポイントになります。

●その他のフレーム

　営業・販売活動，製造活動，店舗活動のフレームは，右図のとおりとなっています。なお本シートでは，小売業・飲食業・サービス業を「店舗活動」で統一しています。本来であれば別々のフレームを構築することが望ましいのですが，いずれも店舗活動であり，ヒアリング項目で多くの共通点があるため，これらの業種を1つにまとめてフレーム化しています。そのため，各業種で当てはまらない項目も存在するので，その場合はその項目を無視してください。

▶事業性評価シートの内部環境分析の項目

1. 経営・組織活動

   (1) 経営の基本事項
   (2) リーダーシップ
   (3) 戦略・戦術と経営体制
   (4) 収益管理   経営・組織活動
   (5) 経営の PDCA サイクル   のフレーム
   (6) 組織体制と組織力
   (7) 人材・スキル，人事

2. 営業・販売活動

   (1) 営業体制とコンセプト
   (2) 営業手法
   (3) 営業・販促ツール，ネットメディア 営業・販売活動
   (4) 営業管理   のフレーム
   (5) 差別化要因（4P 他）

3. 製造活動

   (1) 製造体制
   (2) 生産形態   製造活動
   (3) 製造工程と設備，人材スキル   のフレーム
   (4) 製造管理体制と5S

4. 店舗活動（小売業・飲食業・サービス業）

   (1) コンセプトと基本事項
   (2) 外装・内装と店舗イメージ
   (3) 顧客フロー
   (4) 店舗機能   店舗活動
   (5) サービスとクリンリネス   のフレーム
   (6) 4P ほか
   (7) 店舗運営管理
   (8) 店長・スタッフ，現場環境

5. 卸売業

   (1) 卸売の機能   卸売業
                        のフレーム

9.4

外部環境分析の分析手法①
業界動向・顧客ニーズ・競合分析

●外部環境分析の分析内容

　外部環境分析は，中小・零細企業にとって重要，かつ簡単な調査あるいはヒアリングベースで確認できる項目に絞り，マクロ環境である「業界動向」と，「顧客ニーズ」「競合分析」に分割しています。そしてそれらの内容を右表上段のとおり確認し，さらに右表下段のとおり「機会」と「脅威」に分けて整理して，各内容の重要性を重要度の低い順から1～5段階で評価します。なお，重要性の定量評価は，後述する財務分析や内部環境分析の重要性と同じ評価内容となっています。

　具体的な評価方法について，まずは右表上段の「業界動向（同業界・販売先の業界動向，消費者動向）」は，同業界について，PEST（Politics：政治，Economy：経済，Society：社会，Technology：技術の4つの切り口で分析する手法）などについて，主にヒアリングで確認します。そして特にこれら4項目の「変化」に注目し，当社にどういう影響があるかについて探っていきます。

　次に「顧客ニーズ（ターゲット顧客のニーズ，既存製品・新製品の需要見込み）」は，当社が未対応のターゲット顧客のニーズのほか，既存商品の需要が今後も見込めるか，また新製品を出す場合に需要を獲得できる可能性があるかについて評価します。

　続いて「競合分析」は，実際競合となっている会社に対する評価で，分析方法の詳細は次項に明記します。

　外部環境の各々について分析した後，これらの内容を右表中段にある「機会」と「脅威」に分類して整理し，あわせて当社にとっての重要度を評価します。なお，ターゲット顧客のニーズの機会・脅威の振分け方法は，

対象企業がそのニーズに対応できる場合は「機会」，対応できなければ「脅威」に分類します。

▶業界動向・顧客ニーズ・競合分析（例：水産加工業）

1．業界動向・顧客ニーズ・競合分析
（1）業界動向（同業界・販売先の業界動向，消費者動向）

- 全世代で魚離れにより生鮮市場は減少傾向
- 魚介加工品の需要は堅調
- 国内の通販市場は増加傾向

（2）顧客ニーズ（ターゲット顧客のニーズ，既存製品・新製品の需要見込み）

- 売上上位のイカ塩辛，甘塩うになど既存製品は県内でブランド力があり，リピーターが多い
- 県内，近隣市区町村の人口減により当社製品全体の需要も減少傾向
- 県内で当社商品は「高品質で美味」と評判で，新素材の新商品投入で需要獲得の見込みあり

（3）競合分析

- 大手A社の魚介加工品は国内でブランド力があり安価だが，味の評判は高くない

2．外部環境分析の強み，問題点・課題

■機会		重要度
業界動向	● 魚介加工品の需要は堅調	3
	● 国内の通販市場は増加傾向	3
顧客ニーズ	● 売上上位の既存製品は県内でリピーターが多い	4
	● 県内でブランド力があり，新素材の新商品投入で需要獲得の見込みあり	4
競合分析	● 大手A社の魚介加工品は国内でブランド力があり安価	3

■脅威		重要度
業界動向	● 全世代で魚離れにより生鮮市場は減少傾向	3
顧客ニーズ	● 県内，近隣市区町村の人口減により当社製品全体の需要も減少傾向	4
競合分析	● 大手A社の魚介加工品の味の評判は高くない	3

【重要度の評価】

	1	低い
	2	やや低い
重要度	3	平均レベル
	4	やや高い
	5	高い

9.5

外部環境分析の分析手法②　競合分析のフレーム

●競合分析のフレーム

　競合分析のフレームワークは右表のとおりです。

　まずは本フレームのトップにある「競合他社」項目において，実際に競合となる会社を1社あるいは複数社明記して，それらに関して各項目で分析します。具体的には，各項目の競合他社の強み（当社より優れている点），弱み（当社より劣っている点）について割り出して，それらが当社にどのような影響が出ているかを分析します。

●各項目の内容

　まずは「4P」で分析を行います。4Pとはマーケティングで活用するフレームワークであり，「①商品（Product）：何を売っているか」「②価格（Price）：いくらで売っているか」「③流通・立地（Place）：どこで売っているか」「④プロモーション（Promotion）：どのように売っているか」を表しています。

　「⑤ブランド力」は，当社の商圏内や業界，販売先の中で，競合他社がどの程度のブランド力（知名度）があるかを分析します。ブランド力が高いほど，既存顧客のリピート受注や新規顧客獲得をしやすくなります。

　「⑥顧客との関係性」は，既存顧客との信頼関係の度合いを示すものです。中小・零細企業の取引では，機能的な強みよりも，長年の付き合いによる信頼関係の中で取引を維持するケースが多いのが特徴です。そして競合他社と顧客との信頼関係が強固なほど，当社はその取引先に参入することが難しく，競合他社が信頼関係を構築している取引先が多いほど当社は新規参入が困難になるといえます。

　その他，「⑦店舗機能」「⑧サービス・ホスピタリティ」については，店舗運営の小売店・飲食店・サービス業独自の項目になります。そのため，

店舗運営ではない業種については分析不要です。

▶競合分析のフレーム

競合他社	●競合他社はどの会社か？
①商品	●商品に関する競合他社の強み（当社より優れている点），弱み（当社より劣っている点）は何か？
	●上記が当社にどのような影響が出ているか？
②価格	●価格に関する競合他社の強み・弱みは何か？
	●上記が当社にどのような影響が出ているか？
③流通・立地	●流通・立地に関する競合他社の強み・弱みは何か？
	●上記が当社にどのような影響が出ているか？
④プロモーション	●プロモーションに関する競合他社の強み・弱みは何か？
	●上記が当社にどのような影響が出ているか？
⑤ブランド力	●ブランド力に関する競合他社の強み・弱みは何か？
	●上記が当社にどのような影響が出ているか？
⑥顧客との関係性	●顧客との関係性に関する競合他社の強み・弱みは何か？
	●上記が当社にどのような影響が出ているか？
⑦店舗機能	●各店舗機能に関する競合他社の強み・弱みは何か？
	●上記が当社にどのような影響が出ているか？
⑧サービス・ホスピタリティ	●サービス・ホスピタリティに関する競合他社の強み・弱みは何か？
	●上記が当社にどのような影響が出ているか？

※⑦店舗機能，⑧サービス・ホスピタリティは，店舗活動の項目

9.6

経営分析のまとめ

●「収益性」「効率性」「生産性」「安全性」で整理して重要度を5段階で評価

　経営分析では，第7章～第9章で示したとおり，PLとBS，顧客別・商品別売上推移，財務分析など，さまざまな分析をしてきました。そしてこれらの分析結果を「強み」と「問題点・課題」として整理を行い，各々について重要度を評価します。重要度については，9.5の外部環境分析や後述する内部環境分析と同様に低い順から1～5段階で評価します。

　財務分析では，収益性・効率性・生産性・安全性について，さまざまな指標で分析を行いましたが，中小・零細企業の場合，企業によってはこれらの指標の中で不要なものも多く含まれています。そのため，各々の分析指標の中で，対象企業でポイントになる指標を選び，その指標について評価を行います。

　例えば右表では，収益性については，売上全体と顧客の売上推移，顧客別の売上構成比，売上高人件費比率の指標が良い結果となっているため「強み」に記載しています。一方で，売上高経常利益率，原価率，売上高借入金比率の指標の数値が悪化しているため「弱み」に明記しています。

　効率性では，良い結果の指標がないため強みは空欄，棚卸資産回転期間とCCCの数値が悪いため弱みに記載しています。

　生産性は，従業員1人当たり人件費が低く抑えられており，従業員のモチベーション等の問題がなければ，コストが抑えられているという意味で強みと判断，一方で従業員1人当たり売上高と労働生産性が低く，人材の生産性が低いと判断できるため，弱みに記載しています。

　最後に安全性では，強みは空欄，弱みとしては，債務超過，資金繰り難の状況について記載しています。

　そして重要度の評価ですが，この経営分析の結果，当社は収益力低下が最大の課題であるといえるため，収益に直接影響のある内容は「重要度5」と評価しました。特にこの会社は，売上高材料費比率が60％を超えているため，そもそも自社で値段をコントロールする余力が残っていません。収益の悪化は薄利多売が原因であり，さらにその原因は値付け自体に問題があると考えられます。そのため，内部環境のヒアリングで，値付けは正確な原価を算出した上で設定されているかどうかを確認する必要があるというわけです。

▶経営分析の強み，問題点・課題（例：製造業）

■強み		重要度
収益性	●売上全体および売上上位顧客の売上は増加傾向	5
	●顧客別売上に偏りが少ない	5
	●売上高人件費比率が低く抑えられている	3
効率性		
生産性	●従業員1人当たり人件費が低く抑えられている	3
安全性		
■問題点・課題		重要度
収益性	●売上高経常利益率は3年連続マイナス	5
	●原価率が高く，売上高材料費比率が60％超で，価格コントロールの余裕がない	5
	●売上高借入金比率が50％超，借入負担が大きい	3
効率性	●棚卸資産回転期間が4.5か月と長く，死蔵在庫が多い状況	4
	●CCCは5か月以上で資金効率が悪い	4
生産性	●従業員1人当たり売上高・労働生産性が低く人材の生産性が低い	4
安全性	●4年連続債務超過	5
	●当座比率が50％，短期的な資金繰り難	5

【重要度の評価】

重要度	5	高い
	4	やや高い
	3	平均レベル
	2	やや低い
	1	低い

9.7

内部環境の分析手法

●ヒアリング内容（右上段の表）

　内部環境の評価は，詳細に分解した各項目で行います。例えば，経営・組織活動のフレーム「経営の基本事項」が，「ビジネスモデル」「経営理念」等の「ヒアリング項目」に分けられています。そして各ヒアリング項目に記載された「具体的確認事項」に従ってヒアリングを行います。これらの項目と確認事項が，経営・事業再生コンサルティングのノウハウです。そしてこの確認事項に沿ってヒアリングで情報収集を行い，正確に現状把握をしながら，対象企業の強みや問題点・課題を見つけていきます。そしてその強みや問題点について，対象企業の経営状況に応じて重要度を評価します。

●「評価表」と「重要度表」（右中段の表）

　「評価」と「重要度」は共に5段階で評価を行います。

　「評価」について，最も低いのは「1」で，最も高いのが「5」，平均レベルが「3」で，強みは「4〜5」，弱み（問題点）は「1〜2」のように採点します。例えば，ある項目で問題点があれば「2」，その問題が大きければ「1」です。逆に強みがあれば「4」，その強みが非常に高いレベルであれば「5」になります。なお，1つの項目で強みと問題点が混在する場合は，例えば「2／4」というように表示します。

　「重要度」は，外部環境分析や財務分析と同様に，対象企業に応じて，重要度の低い順から1〜5段階で評価します。

●強みと問題点・課題の抽出（右下段の表）

　各項目でヒアリングを行い，右表のとおりヒアリング結果を文章で明記した上で，5段階の評価と重要度を明記します。1つのフレームのすべての項目のヒアリングと評価が終了したら，その下の「強み」と「問題点・

課題」の欄に文章で整理します。主に各項目で「1」「2」となった内容を「問題点・課題」の欄に，「4」「5」となったものを「強み」の欄に記載します。そして文章とあわせて「重要度」も明記し，どの強みや問題点がその企業経営にとって重要なのかを見える化します。

▶「経営の基本事項」フレームとその評価項目

ヒアリング項目		具体的確認事項
1	ビジネスモデル	① ●高付加価値モデルと低付加価値モデルのいずれか？
		② ●高付加価値の商品は高利益率を確保しているか？ ●今後確保可能か？
		③ ●高付加価値モデルと低付加価値モデルのいずれか？
2	経営理念	●経営理念があるか。どのような内容か？ ・・・・・
3	・・・・・	・・・・・

▶評価表

評価	5	強み	優れている
	4		やや優れている
	3	中程度	平均レベル
	2	弱み	やや劣っている
	1		劣っている

▶重要度表

重要度	5	高い
	4	やや高い
	3	平均レベル
	2	やや低い
	1	低い

▶経営の基本事項の内容と評価（例）

	項　目	評価内容		評価	重要度
				1（低）～5（高）	
1	ビジネスモデル	●標準品のほか，既製品のリピートやカスタマイズも多く，やや高付加価値モデルといえるが，利益率は低い ●ただし交渉次第でさらなる高利益率の確保は可能		3	5
2	経営理念	経営理念	顧客との関係性を大切にし，常に全力で顧客の要望に応じる	4	4
		●明確でわかりやすく，社員に浸透しやすい			
		・・・・・			

■強み	重要度
●カスタマイズ品がメインのためやや高付加価値のビジネスモデルで，高利益率が狙える	5
・・・・・	・・・
■問題点・課題	重要度
●社内への経営理念，ブランド・アイデンティティの浸透は不十分	3

9.8

内部環境分析フォーマット

こちらが内部環境分析フォーマットです。以下の順序で分析します。

① ヒアリング項目と具体的確認事項に沿ってヒアリングを実施

② ヒアリングの結果と分析結果（強み・問題点）を抽出して記入

③ その内容について「評価」と「重要度」を記入

④ 「評価内容」「評価」にあわせて「強み」「問題点・課題」の欄に整理

⑤ 「重要度」の評価を追加して記入

▶ 経営・組織活動③　戦略・戦術と経営体制の評価項目

1	戦略	①	●どのような戦略をとっているか？ ●基本戦略では，自社の強みを活かし，ターゲット顧客のニーズに対応した「差別化集中戦略」を実施しているか？ ●成長戦略では，「市場浸透戦略」「新市場開拓戦略」「新製品開発戦略」「多角化戦略」のいずれを実施しているか？　　①ヒアリング項目と具
		②	●戦略を現場に発信できているか？　　　　体的な確認事項に沿っ ●戦略が現場で実行されているか？　　　　てヒアリングする
2	戦術	①	●戦略を構築しているか？ ●どのような戦術を実施しているか？
		②	●戦術が現場で実行されているか？
3	経営体制・ 経営幹部	①	●経営幹部は誰か？
		②	●各経営幹部の役割は何で，どの程度機能しているか？ ●各経営幹部は，経営陣としての意識を持って経営に取り組んでいるか？
		③	●経営者と経営幹部が連携して経営に取り組めているか？対立していないか？ ●社長は各経営幹部に対し，どんな時に，どのような内容の相談や打ち合わせを実施しているか？
4	意思決定	①	●意思決定は社長の独断か，それとも経営陣等を巻き込んでいるか？
		②	●合理的かつタイムリーな意思決定ができているか？ ●意思決定に時間がかかる，他者に丸投げされる，放置される等がないか？
5	事業承継	①	●社長の後継者，あるいは後継者候補はいるか，それは誰か？
		②	●その後継者は将来の経営者としてどのような強み・課題を持っているか？
		③	●後継者が実際に会社を承継する可能性はどの程度か？
		④	●後継者の育成は実施しているか，どのような育成方法か？
		⑤	●育成はどの程度進んでいて，何年後に承継を考えているか？

▶経営体制③　戦略・戦術と経営体制の内容と評価

	項目	評価内容	評価	重要度
			1（低）〜5（高）	
1	戦略	**②ヒアリングの結果と分析結果（問題点・強み）を記入**	**③評価・重要度を記入**	
2	戦術			
3	経営体制・経営幹部			
4	意思決定			
5	事業承継			
■強み				重要度
			⑤「重要度」を記入	
		④「評価内容」,「評価」の内容を「強み」「問題点・課題」の欄に整理		
■問題点・課題				重要度

141

9.9

SWOT分析の分析手法

●SWOT分析で総合評価を行う

　これまで実施してきた外部環境分析・財務分析・内部環境分析で整理した強みと問題点・課題の結果をSWOT分析で整理します。SWOT分析とは，強み（Strength），弱み（Weakness），機会（Opportunity），脅威（Threat）の頭文字をとったものです。SWOT分析は大きく「内部環境」と「外部環境」に分かれます。内部環境とは，自社でコントロールが可能な内容であり，付加価値や差別化要因といった「強み」と，自社の問題点や，他社より劣っている内容の「弱み」があります。一方で外部環境とは，自社でコントロールできない内容のことで，自社にとってプラス面となるものが「機会」，マイナス面が「脅威」となります。

●フレーム単位で，重要度もあわせて整理する

　SWOT分析の事例を右図のとおり明記します。経営分析については，「収益性」「効率性」「生産性」「安全性」の4つのフレームに関する強みと弱みを整理します。内部環境分析は，「経営・組織活動」「営業・販売活動」「製造活動」「店舗活動」といった各機能について，各々のフレーム単位で強みと弱みを整理します。外部環境分析については，「業界動向」「顧客ニーズ」「競合分析」の3つのフレームについて，機会と脅威を整理します。さらに，各フレームの評価内容の「重要度」にも明記することで，どのフレームの強み・弱みの重要性が高いのかについても把握できるようにします。

　このように，各機能の各フレーム単位で分析結果と重要度を一覧で整理して見える化することで，一部に偏ることなく，総合的かつ本質的な評価を行うことができるのです。

▶SWOT分析（例：製造業）

		強 み	重要度
内部環境	収益状況と財務基盤	収益性	5期連続営業利益プラス	5
	経営・組織活動	経営の基本軸	カスタマイズ品は高付加価値モデルで高利益率が狙える	5
		経営者のリーダーシップ	顧客ニーズを把握し，既存顧客の要求への対応力が高い	5
		戦略・戦術と経営体制	社長の長男が大学生ながら後継の意思あり	2
		・・・・・		
	営業・販売活動	営業体制とコンセプト	自社の強みを活かせる業界にターゲットを絞っている	4
			金属加工のワンストップ，仕様や素材に合わせたカスタマイズ提案，図面作成という顧客ニーズへの対応	5
		営業手法	既存顧客への密着営業による顧客との強い信頼関係	4
		差別化要因（4Pほか）	カスタマイズ品は，仕様に最適な加工法と素材を提案	5
		・・・・・		
	製造活動	製造体制	シンプルな体制で効率的	4
		生産形態	納期（製造リードタイム）の見積精度が高く，納期遅延はほとんどなし	4
		製造工程と設備，人材スキル	工場長の，複雑形状，様々な素材に対応できる高い切削加工技術	5
		・・・・・・		

		弱み（問題点・課題）	重要度
内部環境	収益状況と財務基盤	収益性	4期連続売上減少，4期連続顧客数減少	5
			2期連続経常利益赤字，売上高材料費比率40%超，高コスト構造	5
		安全性	売上高借入金比率50%超，自己資本比率6%弱で債務超過寸前	5
			当座比率50%未満で，資金繰り難の状態	5
	経営・組織活動	経営の基本軸	社内への経営理念，BIの浸透は不十分	3
		経営者のリーダーシップ（資質・力量・姿勢）	視野が既存顧客に集中し，短期的思考で視野が狭い	3
		戦略・戦術と経営体制	戦略・戦術が未構築で，売上改善の取り組みができていない	5
		・・・・・		
	営業・販売活動	営業体制とコンセプト	役職者含め全員がプレイヤーで，部門は未管理・未統制	4
			社長以外の社員のスキルは低く，顧客の要求に対する提案スキルなし	5
		営業手法	新規顧客開拓の営業は未実施	5
		・・・・・		
	製造活動	製造体制	各部門は未管理で統制が取れておらず，業務は属人的	4
		生産形態	見積算出式が固定化され，標準品とカスタマイズ品の掛け率が同等のため，カスタマイズ品で高利益率を確保できていない	5
		・・・・・		

		機 会	重要度
外部環境	業界動向	●製薬・医療用機器メーカーは製品開発頻度が高く，特注品の需要は堅調	5
	顧客ニーズ	●特注品の，見積時の図面作成の負荷は重く，図面作成のニーズは高い	5
		●金属加工のワンストップ対応のニーズは高い	5
		●詳細な情報交換・短納期が必須の，特注品の金属加工の国内需要は今後も堅調	5
	競合分析	●一般加工会社は，個々の加工に特化するケースが多く，図面作成不可	4

		脅 威	重要度
外部環境	業界動向	●金属加工業は海外メーカーの技術力が向上し，低価格化かつ高品質化が進展	4
	顧客ニーズ	●量産品の需要は海外メーカーが強く，国内需要は減少傾向	4
	競合分析	●大手の東京部品加工㈱は，ワンストップ・図面作成に対応，営業力あり	4

9.10
SWOT分析の総評と総合評価の分析手法

●SWOT分析の総評

　まずはSWOT分析の総評を行います。前項で整理したSWOT分析を，最終的に右図のとおり，①外部環境，②強み，③問題点・課題，④収益状況・財務体質の4点について整理します。SWOT分析全体を通して，重要性の高くない内容は省き，その企業にとって重要な内容に絞って整理します。そして，強みについては「それらを活用して今後成長が見込めるか」，問題点・課題については「それらを克服することは可能かどうか」といった将来性についても評価を行います。例えば，収益性が低いという問題がヒアリングで明らかになれば，その原因を改善すれば収益性は改善するはずです。そのため，その改善見込みはあるのか，改善の難易度は高いのか低いのかを評価するのです。

●総合評価

　総合評価は，文章での記載は主に事業面についてコメントします。そしてアルファベットでの表記は，事業面と財務面の双方で評価を行います。

　定性評価については，上記のSWOT分析の総評を踏まえ，会社の現状や将来性について，「財務面」と「事業面」の双方からコメントで評価を行います。

　定量評価については，右図下段のとおり，財務面と事業面に分けて分析します。財務面は収益性・効率性・生産性・安全性の4項目，事業面は安定性・持続性・成長性の3項目について，「総合評価の評価指標」の評価基準であるA～Eの「評点」で評価します。そして，財務面と事業面を総合的に評価したものが，右図最下部の「総合評点」になります。総合評点も評点と同様の基準で評価します。こうして，財務面・事業面の双方で，総合的かつ詳細に評価することができます。

▶当社の事業性評価（例：製造業）

(1) SWOT分析の総評

① 外部環境

量産品の加工は低コスト化が進み国内需要は減少しているが，特注品の需要は堅調。特に得意先の製薬・医療用機器メーカーは製品開発頻度が高く，特注品の需要は今後も継続…

② 強み

当社の強みは「図面作成」「ワンストップ対応」「微細加工や素材の提案力」で，これらを実現できる競合はほとんどいない状況のため，得意先からの信頼も高い。また，…

③ 問題点・課題

社長自身が当社のルーチン業務の中心となっており，中長期的な視点での戦略構築を行えていない。そのため，既存顧客への対応に注力し，既存顧客の業種への新規開拓が行われて…

④ 収益状況・財務体質

売上高材料費比率が40％超と高コスト体質で，2期連続経常利益がマイナスで収益性が低い。
自己資本比率も一桁台で，売上高借入金比率も50％超で財務体質も悪化…

(2) 総合評価（財務面・事業面）

当社は現在資金繰りが厳しく，収益性も低いため，短期的な安全性が低い状況である。事業に貢献できていない営業マンも存在するため，固定費削減等の短期的なキャッシュ流出を…

【総合評価】

分類①	分類②	評点	総合評点
財務面	収益性	C	C
	効率性	B	
	生産性	C	
	安全性	D	
事業面	安定性	C	C
	持続性	C	
	成長性	C	

【総合評価（評点・総合評点）の評価指標】

評点	評価基準
A	高いレベルにある
B	問題はあるが，現状維持で事業に支障なし
C	問題はあるが，改善見込みはある
D	問題があり，改善見込みはあるが難易度は高い
E	大いに問題があり，改善見込みは極めて低い

9.11

SWOT分析と総合評価フォーマット

▶SWOT分析（例：製造業）

		強　み	重要度
内部環境	収益状況と財務基盤	収益性	
		効率性	
		生産性	
		安定性	
	経営・組織活動	経営の基本事項	
		リーダーシップ	
		戦略・戦術と経営体制	
		収益管理	
		経営のPDCAサイクル	
		組織体制と組織力	
		人材・スキル，人事	
	営業・販売活動	営業体制とコンセプト	
		営業手法	
		営業・販促ツール，ネットメディア	
		営業管理	
		差別化要因（４Ｐ他）	
	製造活動	製造体制	
		生産形態	
		製造工程と設備，人材スキル	
		製造管理体制と５Ｓ	
		弱み（問題点・課題）	**重要度**
	収益状況と財務基盤	収益性	
		効率性	
		生産性	
		安定性	
	経営・組織活動	経営の基本事項	
		リーダーシップ	
		戦略・戦術と経営体制	
		収益管理	
		経営のPDCAサイクル	
		組織体制と組織力	
		人材・スキル，人事	
	営業・販売活動	営業体制とコンセプト	
		営業手法	
		営業・販促ツール，ネットメディア	
		営業管理	
		差別化要因（４Ｐ他）	
	製造活動	製造体制	
		生産形態	
		製造工程と設備，人材スキル	
		製造管理体制と５Ｓ	
外部環境		**機　会**	**重要度**
	業界動向		
	顧客ニーズ		
	競合分析		
		脅　威	**重要度**
	業界動向		
	顧客ニーズ		
	競合分析		

▶当社の事業性評価

(1)　SWOT分析の総評

① 　外部環境

```
```

② 　強み

```
```

③ 　問題点・課題

```
```

④ 　収益状況・財務体質

```
```

(2)　総合評価（財務面・事業面）

```
```

【総合評価】

分類①	分類②	評点	総合評点
財務面	収益性		
	効率性		
	生産性		
	安全性		
事業面	安定性		
	持続性		
	成長性		

【総合評価（評点・総合評点）の評価指標】

評点	評価基準
A	高いレベルにある
B	問題はあるが，現状維持で事業に支障なし
C	問題はあるが，改善見込みはある
D	問題があり，改善見込みはあるが難易度は高い
E	大いに問題があり，改善見込みは極めて低い

┌─────────────┐
│ C O L U M N │
└─────────────┘

事例9　通販物流センター

　主に通販会社の商品を，梱包作業を含めて保管する物流センターの事例です。商品によって，梱包用紙やリボンの取り付けなどの梱包作業の内容が異なるため，業務が非常に煩雑になります。そのため現場は常に慌ただしく混乱していました。そして労働集約型の業務で人件費が嵩み，売上は好調でしたが収益力が低下していました。

　現場の問題は山積みで，例えば「煩雑な業務を統制する現場責任者が実質機能しておらず，個別の業務に対応できていない」「1人の正社員が現場のパートに逐一指示をし，指示しきれない内容については，その正社員が自ら走り回って処理している」「個々の業務をすべて理解しているのは正社員1人であり，現場のパート社員は1つひとつの作業を，その都度正社員に確認を取って作業を行っている」「顧客に対して同社独自のシステムの使い方の説明が不十分であり，顧客がこのシステムを使いこなしていないため，必要な情報の備考欄への記載漏れが多く，逐一顧客にメールで確認を取らなければならない」などがありました。

　改善策は，まずは商品単位で「作業フロー表」を丁寧に作成し，パートを含めた作業全員で共有することです。そして営業と現場がこの作業フロー表を共有し，更新していくことで，常に最新の情報がこのフロー表を通して営業と作業現場で確認できるようにする体制を作る必要があります。次に，顧客にシステムの入力方法について徹底指導し，顧客が漏れなく情報をシステムに入力できるようにして，現場担当者が個別にメールで確認する手間を省きます。続いて，現場を統括する人材を選定し，権限を与え，柔軟に指示が出せる体制を構築します。さらに，見積の精度を高め，収益状況を改善します。そのためには，個々の作業について現場の作業人数と時間を明確にして正確な原価を割り出し，利益が十分に出るように見積金額を算出できるしくみを構築することが重要です。

第10章 会社概要

10.1

会社概要①　会社の基本情報

　「会社概要」は，事業性評価の冒頭に明記する，会社の全体像を示すものです。ここで会社全体の概要を把握することで，これ以降の詳細情報が理解しやすくなります。

●「会社の基本情報」の項目と内容

　「会社の基本情報」の最初は，会社の商号です。商号とは会社名のことで，「○○株式会社」「○○有限会社」というものです。また，旅館や小売店などで，会社名とは異なる屋号をつけている場合は，称号の下に「屋号」の項目も追加して記載してください。

　「代表者」は，代表取締役を記入します。代表が会長・社長等，複数存在する場合は，複数記入します。

　「本社所在地」は，本社の住所を明記します。

　「創業」は，法人化する前に個人事業主として営業していた場合，その個人事業を開始した年月を記入します。そして「法人設立」は，法人（株式会社・有限会社）を設立した年月です。この会社が創業・設立してどの程度経過しているのか，その歴史の長さを把握します。

　「資本金」は，現在の資本金を記入します。

　「社員数」は，社長を含めた正社員とパートの数を記入します。この社員数で，その会社の規模をイメージすることができます。

　「事業所」は，本社と，本社以外の事業所（工場・営業所・小売店），関連会社の名称と住所をすべて記入して，その会社の事業領域がわかるようにします。

　「事業内容」は，会社の事業について明記します。

　「許認可」は，事業運営に必要な許認可とその取得番号を明記します。

　「取引銀行」は，借入のある銀行と預金のある銀行を明記し，どの金融

機関からの借入があるのかがわかるようにします。

　最後に「主要得意先」「主要仕入先」は，売上高と仕入高の多い業者数社（2〜3社）を明記します。

▶会社の基本情報（例）

商号	株式会社東京電機	
代表者	東京　太郎	
本社所在地	東京都狛江市狛江町1-1-1	
創業	昭和40年2月	
法人設立	昭和45年7月	
資本金	10,000,000円	
社員数	10名（役員：2名，正社員：6名，パート：2名）	
事業所	本社	東京都狛江市狛江町1-1-1
	工場	東京都狛江市狛江町1-1-2（本社に隣接）
事業内容	微細部品の加工	
許認可	なし	
取引銀行	借入	調布銀行，狛江信用金庫
	預金	調布銀行，世田谷銀行，四菱銀行
主要取引先	狛江電機，調布電子工業，世田谷商事	
主要仕入先	多摩工業，川崎商事，狛江電子部品	

10.2

会社概要②　株主構成

●「株主構成」の内容

　株主構成には，資本金と発行済株式総数，そしてすべての株主名と，種類，保有株数，持株比率，続柄，そして直系親族保有株式数とその比率を明記します。

　「種類」とは株式の種類のことで，「普通」「優先」のいずれかを明記します。「普通」とは普通株式のことで，一般的に売買される株式は普通株式です（中小・零細企業はほとんどが未上場のため，売買されることは稀です）。単に「株式」といえばこの普通株式を指し，中小・零細企業の株式は多くが普通株式です。一方，「優先」とは優先株式のことで，種類株式の一種です。例えば，普通株式より配当金を優先的に受け取れる，あるいは会社が解散したときの残余財産を優先的に受け取れる等，出資者にとって権利内容が優先的になっている一方，その代わりに会社の経営に参加する権利（議決権）については制限されるのが一般的です。

　「保有株数」「持株比率」は，各株主の保有する株式数と全体の保有比率を明記します。ここで押さえるべきことは，特別決議と普通決議の保有比率です。持株比率が3分の2（66.6％）以上あれば，株主総会の特別決議を単独で成立させられます。特別決議とは「会社の合併・分割，事業の全部譲渡，定款変更等」です。また，持株比率が2分の1（50.0％）超で，株主総会の普通決議を単独で成立させることができます。普通決議とは「取締役の選任・解任，監査役の選任，取締役・監査役の報酬，配当など剰余金の分配等」です。つまり，持株比率が2分の1超あれば，会社の事業運営についてほぼ独占できることになり，3分の2以上あればM&Aを単独で決議できるわけです。そのため，社長個人で3分の2以上あるか，あるいは2分の1超あるかどうかがポイントです。

　また，直系親族（祖父母・親・子供・孫）の持株比率が３分の２以上，あるいは２分の１超あるのかも１つの視点です。中小・零細企業では，兄弟同士が対立することが時々見受けられるため，直系親族で会社を独占できる状態にあることが望ましいといえます。

　ちなみに，社長の持株比率が小さい場合や，株主でないサラリーマン社長の場合は，社長のモチベーションや取り組み姿勢についてチェックする必要があります。サラリーマン社長の場合，借入の連帯保証人ではない場合が多く，すべて放棄して社長を退任するという「逃げ道」があるため，責任感が薄れるケースが多いといえます。

　なお，株主構成は，税務申告書の別表二に記載されています。

▶株主構成（例）

資本金：10,000,000円，発行済株式総数：10,000株

	株主名	種類	保有株数	持株比率	続柄
1	東京　太郎	普通	6,000株	60.0%	本人
2	東京　花子	普通	1,000株	10.0%	代表の妻
3	東京　一郎	普通	1,000株	10.0%	代表の長男
4	銀座　次郎	普通	1,000株	10.0%	部下
5	新宿　大輔	普通	500株	5.0%	部下
6	東京　清	普通	500株	5.0%	代表の弟
	合計		10,000株	100.0%	

※直系親族保有株式数：8,000株（80.0%）

10.3

会社概要③　組織概要と親族関係

●主要役員の状況

　主要役員には，役員（常勤・非常勤）と監査役を明記し，社長以外にこの会社で経営を担っているのは誰なのかを記載します。ここでは法人登記簿謄本に記載されている内容を示し，実務上の経営幹部は内部環境で確認します。

●組織図と組織体制

　組織図と組織体制を記載します。組織体制は，機能別（部門別），役職別等に，人数も明記します。組織図と組織体制を確認することで，その企業の事業への取り組み姿勢のさまざまな仮説が立てられます。

　具体的には，注力している部門には人を多く配置している場合が多く，例えば営業に注力している企業は営業の人数が多くなっていますが，反対に営業を重要視していない会社は，営業マンが少ない，あるいは営業部門がない，というケースもあります。その場合，営業力に課題があると想定できます。その他，人数が多い部門は，仕事量が多いことを示す一方で，業務効率化のしくみが必要になり，しくみが未確立で煩雑になっている可能性もあります。

　なお，組織図がない場合は，ヒアリングで新たに作成します。

●親族関係

　社長の親兄弟，子供の関係がどうなっているのか，社長の子供はその会社に従事しているのか，後継者となりうるのかなどを確認します。中小・零細企業は家族経営の場合も多く，兄弟の間の対立で事業が非効率な状況に陥っているケースもあります。また，中小・零細企業にとって後継者の存在は，事業を継続する上で重要な関心事であるため，後継者候補が親族内にいるかどうかもここで確認します。

▶ 組織概要（例）

(1)　主要役員（令和2年4月1日時点）

役職	氏名	担当業務
代表取締役社長	東京　太郎	経営全般
専務取締役	東京　花子	会計全般
監査役	目黒　雅史	監査

(2)　組織図（令和2年4月1日時点）

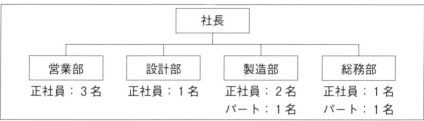

	取締役	部長	工場長	課長	正社員	パート	合計
経営者	1						1
営業部		1		1	1		3
設計部					1		1
製造部			1		1	1	3
総務部	1					1	2
合計	2	1	1	1	3	2	10

(3)　親族関係

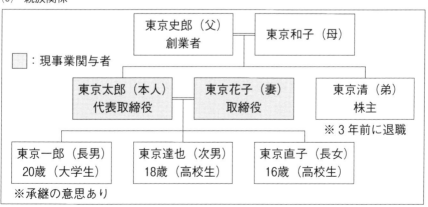

10.4
会社概要④　沿　革

●会社の歴史を振り返る

　沿革とは，物事の移り変わりや歴史のことで，ここは，会社の創業から現在まで，会社にとって大きなニュースとなる出来事をダイジェストで明記する項目です。例えば，新たな工場や支店の開設や，業績に大きく影響を及ぼした商品の開発や顧客との取引，新たな事業の開始や撤退とその理由などです。

　主な沿革の内容を以下に明記します。

- 創業者，創業の経緯
- 大幅な売上拡大・縮小の要因
- 売上規模の大きい重要顧客との取引開始・取引停止とその理由
- 売上規模の大きい商品の販売開始・撤退とその理由
- 新たな事業の開始・撤退とその理由
- 現社長の社長就任
- 本社・工場・営業所等の新築・移転とその理由
- 関連会社設立とその理由，関連会社の役割
- 多大な借入とその用途
- 業績拡大・悪化とその理由
- 増資とその用途

●社長個人の職歴の確認

　社長が創業者である場合，会社の沿革以外に，必要に応じて社長個人の前職の職歴と創業に至った経緯も明記します。これは，前職で培ったノウハウや人脈といった社長個人の強みが，その会社の強みや成長の原動力となっている場合や，逆にその成功体験が足枷になり，成功体験に固執して視野を狭め，業績が悪化した可能性もあるからです。

　例えば，魚介類の加工会社を創業した社長が一代で会社を大きくしたとします。その社長の創業前の職歴を確認したところ，社長は元々不動産屋に就職して営業を担当し，その会社で徹底的に新規開拓の営業力を鍛えられました。次に魚介類の加工会社に転職し，そこで仕入のノウハウを学びました。その後独立して会社を立ち上げて短期間で事業を拡大したのですが，これは，創業前に習得した仕入のノウハウで安価な素材を仕入れ，営業のノウハウで徹底した顧客ニーズに応えるという営業手法で取引先を獲得していったものだとわかります。

　このように創業前の職歴を確認することで，当社の強みは「社長の仕入のノウハウ（目利き力，仕入先との関係）」と「社長の新規開拓の営業力」であることがわかるわけです。

▶沿革（例）

昭和40年2月	代表者父東京史郎が，大手電機メーカーを退社し，現本社で部品加工業を創業
昭和45年7月	株式会社狛江電機として法人設立，資本金500万円
昭和50年	医薬用機器の製造開始
昭和52年	狛江医薬機器との取引開始
昭和56年	理化学用機器の製造開始
昭和60年	調布電子工業と取引開始，売上が拡大する
昭和62年	売上拡大に伴い，本社の隣に工場を新設，最新切削加工機導入
平成3年4月	現代表取締役社長の東京太郎氏が入社
平成15年	東京史郎氏が退任，東京太郎氏が社長に就任し，新体制となる
平成16年7月	資本金1,000万円に増資
平成17年	大口顧客調布電子工業が海外へ製造拠点を移転し，売上が減少
平成20年9月	リーマンショックにより売上が大幅に減少
平成23年3月	東日本大震災により売上が大幅に減少
平成28年4月	医療機器「コマVシリーズ」を開発
令和元年	コマVシリーズの販売好調で売上が3億円を超える

10.5

会社概要⑤　ビジネスモデル俯瞰図

●ビジネスモデル俯瞰図

　ビジネスモデル俯瞰図とは，どこから部品や材料等を仕入れ（仕入先），自社で何を行って（自社／外注），どこに向けて販売しているのか（販売先）を，事業フロー図で示したものです。事業全体の流れを示すことで，事業の全体像のイメージをつかむことができます。ビジネスモデル俯瞰図は，矢印が四方八方に向いていると事業の構造や流れが見えにくくなるため，一方向に統一することがポイントです。特に右図のように，左側を仕入先，右側を販売先にして，左から右へ目線が流れるように配置するとわかりやすくなります。

　「仕入先」は，業種，あるいは材料ベース等でまとめて，各々が仕入全体に占める割合を示します。また，メーカー直，卸経由など，仕入のルートも明確にします。

　「自社／外注」は，自社で行っている業務の概要を明記します。例えば製造の場合は，製造工程の概要を示し，自社で行っている加工内容を明記します。外注取引がある場合はあわせて明記します。

　「販売先」は，販売先を企業や媒体ベース等でまとめて販路を明確にし，各々が売上に占める割合を示します。

　なお，主要製品が複数あってフローが異なる場合は，ビジネスモデル俯瞰図を複数記載する必要があります。

●グループ会社取引

　グループ会社が存在する場合，そのグループ会社が自社とどのように関連しているのかの関係図もあわせて明記します。グループ会社との取引が会社の本業以外での事業である場合は，グループ間取引の俯瞰図を新たに作成する必要があります。

▶ビジネスモデル俯瞰図（例）

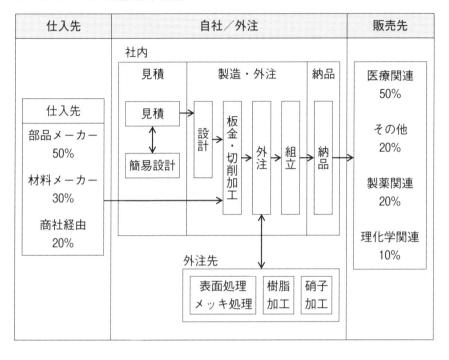

┌─C│O│L│U│M│N─┐

事例10 旅館

売上高	1億5,000万円	借入金	5億円
社員数	20名	社長	60代女性

　地方の某温泉街にある老舗旅館の事例です。

　各部屋はそれぞれ独自のテーマが決められており，その世界観は独特で，各部屋はまったく異なる雰囲気となっています。各部屋は，全体の設計から，木材・畳・家具・飾りなどの細部にまでこだわりを持って作られており，各々のテーマに沿って，大工の技と素材が融合した日本文化を大いに楽しめる造りとなっています。また，部屋にある掛け軸や陶器，家具や湯呑にいたるまで，テーマや世界観に合わせて選択されています。某ネットエージェントによる顧客の評価も高く，その温泉街の旅館の中でもベスト3に入る高評価を得ています。料金は1泊2食付きで1人2～3万円で，客室単価は3万7,000円と，やや高級な部類に入ります。

　営業利益は黒字で，売上高営業利益率は10％程度出しています。しかし十分な売上を確保できておらず，以前の設備投資で行った借入金の残高が多く残っているため，売上高借入金比率が300％にのぼり，借入過多で約定返済が厳しい状況に陥っています。そのためさらに売上を伸ばす必要がありますが，経営者はマーケティングの意識が欠如していました。当館は客室稼働率が40％を切り，定員稼働率は20％程度のため，売上向上の余力が十分にあるにもかかわらず，経営者は保守的で，ネットエージェント（ネットAG）への掲載には消極的な姿勢でした。

　改善策としては，掲載するネットAGを増やし，同社のさまざまな価値を発信して新規顧客を増やす取り組みを行うことです。これだけさまざまな部屋があれば，遠方からの客もリピートする可能性があります。そのためには，経営者が意識を変え，来店客だけを見るのではなく，より広い顧客を集めるためのマーケティングの重要性を認識してもらうことが重要です。

第11章 内部環境分析

（1） 経営・組織活動

11.1
経営の基本事項とビジネスモデル

　本章の「経営・組織活動」はすべての業種に当てはまる内容です。

●高付加価値モデルと低付加価値モデル

　企業経営の成長性を判断する大きな要素となるのが，現状のビジネスが高付加価値モデルなのか，低付加価値モデルなのかを判断することです。前章のビジネスモデル俯瞰図などを把握した上で判断します。

　高付加価値モデルとは，商品・サービスが差別化しやすく，競合他社のいない，あるいは少ない「ブルーオーシャン」で，高利益率が狙いやすいものです。例えば，自社開発製品や特注品，受注生産品などです。高付加価値モデルは現時点で利益率が低くても，値上げ等で高利益率が獲得できる可能性が高い場合が多いです。ただし，高利益率が狙える商品の正しい原価を算出せず，誤った値付けをして利益率が低い事業者が多いので注意が必要です。

　一方で，低付加価値モデルとは，商品の差別化が難しいため利益率が低く，数をたくさん売らなければ必要な利益額を獲得できない，「レッドオーシャン」の市場の製品です。例えば，大量生産される商品，日用品，競争の激しい商品，下請け品，ブランドのない商品などです。差別化が難しく競争が激しいため，他社より高い価格だと顧客は他社製品を選んでしまうため値上げが難しく，低利益率となり，大量に販売しなければ必要な利益額を稼ぐことが難しくなります。そのためこのモデルは，大量仕入や生産ライン自動化による効率化によって大幅にコストを抑えられる大企業向けのビジネスモデルといえ，中小・零細企業にとっては持続性，成長性は低くなりがちです。ただし，強みやアイデア，工夫などで差別化を行い，新たな価値を見出した新製品を開発することで，高付加価値の製品を生み出すことは十分可能であるため，その場合の将来性の見極めも重要になります。

●「経営の基本事項」の説明

　経営の基本事項とは，経営理念，ミッション，ビジョン，ブランド・アイデンティティ，社風といった，会社が重視する基本的な考え方の総称です。一般的な名称ではありませんが，本書で便宜上このように名付けています。

　経営理念とは，経営者が考える会社の存在意義や価値観をいいます。ミッションは，使命のことであり，地域や業界など社会にどのように貢献するかを示すものです。ビジョンは，会社が目指す将来の姿であり，主に中長期的にその会社が目指すゴールイメージです。そして社風は，その企業が持つ独自の雰囲気や価値観などです。なお，社長が変わると会社全体の社風が大きく変わることもよくあります。

▶ビジネスモデルとその内容

高付加価値モデル	●差別化しやすい，高利益率が狙いやすいビジネスモデル （例）　自社開発製品，カスタマイズ品，受注生産，高いデザイン力や技術力でブランドを確立している製品
低付加価値モデル	●差別化が難しく，競合が多く，低利益率となるビジネスモデル ●数を多く売らなければ必要な利益の獲得が難しい （例）　大量生産される商品，日用品，競争の激しい商品，下請け品，ブランドのない商品など

▶経営の基本事項とその説明

経営理念	●経営者が考える会社の存在意義，価値観
ミッション	●ミッションとは「使命」のこと ●地域や業界など社会にどのように貢献するかを示すもの ●その会社が極めたい技術・サービスで表現する場合もある
ビジョン	●会社が目指す将来の自社の姿 ●定性面のほか，定量面（目標の売上・利益等）がある
ブランド・アイデンティティ	●自社の「価値イメージ」を言葉で表現したもの ●「顧客にどう思われたいか」を言葉で表現したもの
社風	●その企業が持つ独特の雰囲気や価値観

11.2

経営マジック！　ブランド・アイデンティティのビジョン化

●ブランド・アイデンティティ（BI）とは

　ブランド・アイデンティティ（以下，BI）とは，自社の価値イメージを言葉で表現したもので，「顧客にどう思われたいか」を示すものです。ブランディングでは，自社のBIを，いかに顧客の自社にとってのブランド・イメージ（顧客がその企業をどう思っているか）とイコールにするかがポイントになるため，BIはブランディングを行う際の必須の要素です。そして会社全体でブランディングを行うためには，このBIを社員全体に浸透させなければなりません（これを「インターナルブランディング」といいます）。なぜなら，ブランディングは社員1人ひとりの日々の活動によってもたらされるからです。

●BIをビジョンにすると，さまざまなメリットがある

　経営には，前述の経営の基本事項である経営理念・ビジョン・ミッションが必須だといわれます。しかし，中小・零細企業に限らず，大企業を含めて多くの企業でこれらが社員には浸透しておらず，これらを理解している社員はほとんどいません。そのため，これらは実質的に有名無実化していることが多いのが現状です。また，多くの経営者が「会社の統制が取れない」「社員の士気が低い」「社員に自主性がない」「社員が顧客軸で考えない」などの問題を抱えています。

　そこで，このBIをビジョンにする，つまり，会社と社員の目指すべきゴールに設定することで，極めて高い効果が生まれます。

　具体的には，「顧客にどう思われたいか」がゴールなので，社員にとってわかりやすく，浸透しやすくなります。そして社員1人ひとりが「顧客に思われたいことをどうすれば実現できるか」という顧客軸で物事を考え

るようになるため，行動力が高まり，社員の自主性や士気が向上し，社員の成長も早まります。また，社員全員がBIを目指すため，組織全体のベクトルが一致し，組織の統制や意思統一が容易になり，組織力が向上します。さらに，経営者の顧客軸による判断で，経営判断の質も向上します。

　このようにBIのビジョン化は，多くの経営者共通の悩みを一気に解決できる，まさに「経営のマジック」といえるものです。

▶ブランド・アイデンティティ（BI）とは

- ●自社の「価値イメージ」を言葉で表現したもの
- ●「顧客にこう思われたい」を示したもの

▶ブランド・アイデンティティ（BI）のビジョン化のメリット

① 　社員への浸透が容易
② 　社員の士気向上，自主性向上，レベル向上
③ 　経営者，社員1人ひとりが顧客軸
④ 　全社員のベクトルが一致しやすい
⑤ 　組織の統制，意思統一が容易で，組織力が向上
⑥ 　顧客軸による経営判断で，経営者の判断力が向上

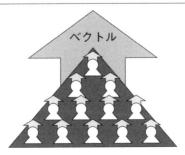

ビジョン（会社の目指すゴール）
＝ブランド・アイデンティティ（BI）

ベクトル

11.3

経営・組織活動① 経営体制(1) 経営の基本事項

　「経営・組織活動」は，大きく「経営体制」と「組織体制」の２つに分類できます。まずは経営体制に関する内容です。

●経営の基本事項の分析内容

　「ビジネスモデル」の評価内容は，まずは対象企業のビジネスが高付加価値モデルなのか，低付加価値モデルなのかを判断します。そして高付加価値モデルの場合は，実際に高利益率を確保しているか，今後高利益率を確保できるのか，また低付加価値モデルの場合は利益額を確保できる売上数量を確保しているか，今後確保可能かを見極めます。

　次に経営の基本事項である「経営理念」「ミッション」「ビジョン」「BI」については，まずはこれらが会社にあるのか，そしてどのような内容なのかを確認します。その上で，それらの内容がその会社にとって価値のあるものか，機能しているのか，具体的には，内容が組織を一体化できるものか，具体的で社員に浸透しやすいのかを判断します。例えば，「世界平和」「社会貢献」といった，事業活動に直接結び付きにくい内容であれば，機能しにくいといえるでしょう。

　続いて「上記の社内への浸透」は，経営の基本事項を社内にどのように浸透させているか，どの程度浸透しているか，さらに会社全体の日常の言動に実際に反映されているのかを確認します。例えば，経営にとって有益な内容であっても，社長室の壁に飾られているだけでは社員にはほとんど認識されません。そして事業活動に反映されていなければ，経営理念は形骸化してしまって価値を失っていることになります。反対に，社長自身がこれら基本事項を繰り返し社員に発信し，それらと一貫性のある行動を取り，社員も社長の言動を見習い，その基本事項に沿った言動を行っていたら，その基本事項は経営や事業活動において大いに機能しているといえます。

　最後に「社風」ですが，積極的（行動的）か消極的（保守的）か，コミュニケーションが円滑か，顧客軸か会社（組織・会社）軸か，などを切り口に確認すると，会社の社風が事業にとって有益なのか，不利益をもたらしているのかが判断できます。

▶経営・組織活動①　経営の基本事項の評価項目

1	ビジネスモデル	①	●高付加価値モデルと低付加価値モデルのいずれか？
		②	●高付加価値の商品は高利益率を確保しているか？ ●今後確保可能か？
		③	●低付加価値の商品は十分な売上数量を確保しているか？　今後確保可能か？
2	経営理念	①	●経営理念は何か？
		②	●組織全体を一体化できる内容か？ ●具体的で社員に浸透しやすい内容になっているか？ ●事業活動に結び付きにくい曖昧な内容になっていないか？
3	ミッション	①	●ミッションは何か？
		②	●組織全体を一体化できる内容か？ ●具体的で社員に浸透しやすい内容になっているか？ ●事業活動に結び付きにくい曖昧な内容になっていないか？
4	ビジョン	①	●ビジョンは何か？
		②	●組織全体が目指すべきゴールイメージが明確に描けているか？ ●社員がそのゴールを目指し，中長期的視野で取り組める内容か？ ●事業活動に結び付きにくい曖昧な内容になっていないか？
5	ブランド・アイデンティティ（BI）	①	●BI（「顧客にこう思われたい」という価値イメージ）は何か？
		②	●BIは顧客にどの程度浸透しているか？
		③	●実際に顧客が感じているイメージ（ブランド・イメージ）は何か？ ●それは当社のBIとどの程度合致，あるいは乖離しているか？
6	上記の社内への浸透	①	●上記は社内にどの程度浸透しているか？ ●上記が事業運営や，社長・社員の日常の言動にどの程度反映されているか？
7	社　風	①	●どのような社風か？
		②	●積極的でチャレンジ精神を促す，社員が成長・自立できやすい環境か？ ●それとも消極的・保守的で，社長や上司の指示通りにしか動かない環境か？
		③	●コミュニケーションが取れ，協力が得られやすい環境か？ ●それともコミュニケーションが少ない，協力が得られにくい環境か？
		④	●社長や社員は「顧客軸」で業務を行う雰囲気か？ ●それとも会社や組織，社長や社員の都合を最優先の雰囲気か？

11.4

社長のタイプ

●中小・零細企業の経営は，社長個人の力量やスタイルに大きく影響される

　中小・零細企業は，規模が小さく，所有と経営が一体化しており，社長自身が連帯保証人になっています。そして同じ人物が長く社長に在籍するため，その会社の経営状況は社長個人の力量やスタイルなどに大きく影響されます。そのため，中小・零細企業の事業性を評価するためには，社長自身がどのようなタイプなのかを把握することが重要です。

●社長は概ね6つのタイプに分かれる

　社長のタイプは，概ね右表の6つのタイプに分類できます。各々のタイプで長所と短所があるため，社長のタイプを把握した上で，各タイプの長所と短所がその社長自身に当てはまるかを見極めることが大切です。なお，社長によっては複数の要素を持っている社長も存在するため，例えば「ワンマン型かつ状況判断型」という判断もあり得ます。

　「ワンマン型」は，幹部等に相談なく独断で意思決定をするタイプで，意思決定は早いですが，拙速で内部を混乱させる恐れがあります。

　「協調・民主主義型」は，集団で意思決定を行うタイプで，意見を言いやすい環境が生まれる反面，意思決定のスピードが遅くなりがちです。

　「抱え込み型」は，社長自身が仕事を抱え込むタイプで，社員は自身の専門に集中できる反面，社長が作業に追われて決断が遅くなります。

　「革新・理想追求型」は，理想を追い求めて経営を行うタイプで，市場機会を捉えて事業展開する反面，中途半端に終わって社員が振り回されるリスクがあります。

　「自由放任型」は，各部門に権限委譲するタイプです。高レベル集団では威力を発揮しますが，依存心の高い社員の不満が募ります。

　「状況判断型」は，論理的に意思決定を行うタイプです。経営の判断ミスが少ない一方，意思決定が遅い，リスクを取らない等の弊害が出ます。

▶社長のタイプ

1	ワンマン型	●経営幹部や社員に相談なく独断で意思決定を行うタイプ。ワンマン社長 ●強力なリーダーシップで組織全体を引っ張ることができる ●意思決定が早いため，市場環境の変化に迅速に対応が可能で，緊急に意思決定を下す必要がある状況下で効果を発揮する ●一方で，思いつき・思い込み（経験と勘）で決定して内部を混乱させる，指示内容が日々変化する，人の意見を聞かない，気に入った社員を優遇する，イエスマンの社員が残り優秀な人材が流出しやすい等の恐れがある
2	協調・民主主義型	●集団で討議して意思決定を行う民主主義的タイプ ●相手の意見を聞き，他人の意見を尊重するため，さまざまな意見を踏まえた意思決定が可能で，意見を言いやすい環境が生まれる等のベネフィットがある ●一方で，個人で意思決定できない，意思決定のスピードが遅い，人の意見に左右される，最適な決定より周囲が納得する決定を優先する等の恐れがある
3	抱え込み型	●人に依頼することが苦手で，すべて社長自身で抱え込むタイプ ●社員数の少ない会社ではマルチな仕事ぶりで効率的で，社員は自身の専門性に集中できる等のベネフィットがある ●一方で，目の前の業務に集中し，視野が狭く，適切な経営判断ができない，あるいは事業を発展させられない等の恐れがある
4	革新・理想追求型	●自身の理想を追い求め，次々に新たな事業や改革を行うタイプ ●顧客の悩み等から市場機会をいち早く捉え，誰も参入していない事業や商品開発を行って新たな事業を開発したり，市場を創造する等のベネフィットがある ●一方で，緻密な計算を行わず決定するため，実現には強力な補佐が必要，新たな試みが中途半端に終わり社員の士気が低下する等の恐れがある
5	自由放任型	●現場の課題解決や意思決定に関与せず，各部門で解決させるタイプ ●専門家集団などレベルが高い集団では，各専門家が自身の実力を十分に発揮できる環境であるため有効である ●一方で，社長の求心力低下，社員の意識・モチベーション低下，業務の質低下等の恐れがある
6	状況判断型	●論理的で，状況を見極めて現実的な意思決定を行うタイプ ●客観的事実を踏まえて意思決定を行うため，堅実で判断ミスが少ない等のベネフィットがある ●一方で，情報が少ない中での意思決定ができない，部下に過剰な情報収集を求める，現場から意見が出にくくなる等の恐れがある

11.5

経営・組織活動②　経営体制⑵ リーダーシップ

●社長に必要なリーダーシップの12要素

　中小・零細企業では，社長が経営判断や人事権などすべての権限を持つのが特徴です。そのため，会社全体への社長の影響力は大きく，社長の資質や力量，取り組み姿勢が会社の業績を大きく左右します。そこで，社長に必要なリーダーシップを12項目に割り出して分析を行います。

　この12項目はすべて，経営に必要な要素といえます。しかしすべてにおいて高いレベルで備わっている社長はどこにもいません。どの要素も低い二代目，三代目社長もいます。しかし連帯責任者である社長を簡単に交代させることはできないため，経営幹部など周囲がこれらの要素を補って事業を維持するしかありません。そのため，まずは社長個人について評価し，補足として各項目を補う経営幹部がいるか，そしてどの程度補足できているかも含めて各項目を分析します。ちなみに「３Ｃ」「業績把握力」「戦略・戦術構築力」「しくみ構築力」は，幹部等がこれらの任務を担っていれば問題はないので，これらの要素を社長以外の誰が補っているのかを探っていくのも１つの評価のポイントです。一方で「モチベーション・行動力」「社員との関係，求心力」「経営への注力度」は，他の人物が代替することはできず，社長個人の評価のみになります。

　また，会社によって重要度も異なります。例えば収益や体制が安定している企業にとって「しくみ構築力」の重要度は高くないでしょう。そのため，各項目の評価とあわせて重要度も見極めることが重要です。

●社長（幹部）のリーダーシップの分析内容①

　「社長のタイプ」は，前述の社長のタイプと，以下の要素の中で当社にとってどの項目が重要かを判断します。そして社長に不足しているものと対応できている内容を抽出し，あわせて経営幹部が何をどの程度補えてい

るかも評価します。

　「3C」は，自社・競合の強みと問題点，顧客のニーズを経営者が把握しているかで，すべての会社で重要度の高い項目といえます。

　「業績把握力」は，PL/BSの知識を社長が持っているか，決算書や試算表でタイムリーに業績を把握できているかの確認です。中小・零細企業にはPLやBSの知識が乏しい社長も多く，業績が悪化しても危機意識が欠如し，迅速な改善策を打ち出せないケースがあります。こちらもすべての会社で重要度は高くなります。

　「中長期的視野」は，会社の目指すべき方向性やゴールをイメージできているかを評価します。成長を目指す企業は将来のゴールを描いて取り組む企業が多いですが，安定・衰退企業は，目の前の業績や業務に意識が集中してしまい，視野が狭くなって市場環境の変化に対応した新たな戦略を構築することができていない企業が多いといえます。

▶経営・組織活動②　リーダーシップの評価項目

1	社長のタイプ	①	●社長はどのタイプか？
		②	●以下「2〜12」の要素の中で，当社にとって重要なものは何か？ ●重要な要素を業務にどのように活かせているか？ ●不足をどのように補っているか？（経営幹部による補足等）
2	3C	①	●自社の強み・問題点を把握しているか？
		②	●市場環境，競合他社の状況（強み・弱み）を把握しているか？
		③	●顧客のニーズ，その変化をタイムリーに捉えられているか？
3	業績把握力	①	●PLとBSで業績を把握する知識はあり，実際に把握しているか？
		②	●試算表等で業績や資金繰り状況などをタイムリーに把握しているか？
4	中長期的視野	①	●会社の目指すべき3〜5年後のイメージを描いているか？ ●3Cを踏まえて今後の企業の方向性を考えているか？ ●現状の業務だけに視野が限定されていないか？

●社長（幹部）のリーダーシップの分析内容②

　「戦略・戦術構築力」は，合理的な戦略・戦術を構築しているかを評価するものです。これらは思い付きのものではなく，３Ｃや業績を踏まえた中身のある，実現可能性のある内容であるかどうかを評価します。

　「判断力・決断力」は，社長が迅速かつ合理的な経営判断や決断を行っているかを評価します。現場や顧客のニーズを踏まえて判断しているか，思い付きや思い込み，経験だけに頼った判断をしていないか，人の意見や過ちを認めて改善するという柔軟性を持っているかがポイントです。

　「組織統制力」は，社員全体を自分が描くゴールの方向性に導き，組織全体のベクトルを合わせられているかということです。いくら社長がビジョンを打ち出しても，社員が自分のことしか考えなかったり，別の方向を向いていたりすれば，組織はバラバラで組織力は弱まります。

　「しくみ構築力」は，組織体制や業務フロー，役割分担を明確にできているか，これらの問題点をタイムリーに改善できているかを評価します。

　「モチベーション・行動力」は，社長自身のやる気と行動力の評価です。社員は皆社長を見て仕事をしているため，社長の仕事ぶりが組織全体に大きく影響を与えます。また，従来の業務とは異なる新たな試みは社長自身にしかできません。そのため，市場の変化に柔軟に対応し，事業を成長させていくためには必須の要素といえます。

　「社員との関係，求心力」は，社長と社員との関係性の評価です。人はそもそも嫌いな人の指示には従おうとしないので，社長と社員の信頼関係がなければ，社員は社長についていきませんし，いくら社長が新たな方針を打ち出しても，社員は従わずに従来の業務をこなすだけになります。

　「スキル，人脈」は，事業運営に欠かせない社長個人のスキルや人脈があるか，また，それは何かを確認します。この要素が大きければ，会社全体の社長への依存度が高いことを意味し，社長が退社すると企業価値が大きく落ち込む可能性があり，事業の持続性，成長性に課題が残ります。

　「経営への注力度」は，社長の経営への注力度を確認します。社長の中には，会社に無関係の会合やイベントへの出席，自身の趣味の外出が多い人がいます。経営者が会社と無関係の個人的理由で多忙になり，会社を放置するようになると，社員の士気は下がり，組織力は低下します。

▶ 経営・組織活動②　リーダーシップの評価項目（続）

5	戦略・戦術構築力	①	● 3C，市場環境の変化，業績を踏まえた合理的な戦略を構築しているか？
		②	●戦略をベースに，具体的な戦術を構築しているか？
6	判断力・決断力	①	●顧客ニーズ等の現場の状況を把握した上で，合理的かつ効果的な判断，決断をタイムリーに実施しているか？
		②	●広い視野で，顧客軸で経営判断を行っているか？ ●他人の意見を聞いて再考する柔軟性・論理的思考を持っているか？
7	組織統制力	①	●組織を巻き込み，社員を自身の描く方向に導いているか？
		②	●的確かつ迅速に指示を発信し，現場は迅速に行動に移せているか？
8	しくみ構築力	①	●効率的・効果的な組織体制，業務フローを構築しているか？
		②	●経営や業務の無駄などの問題点をタイムリーに改善できているか？ ●IT活用など，生産性向上に寄与するしくみを構築できているか？
9	モチベーション・行動力	①	●社長は経営に対してやる気があるか？ ●行動力はあるか？
		②	●社内外で問題が発生したら，放置せず機敏に対応しているか？
		③	●環境変化，緊急時や不測の事態に迅速かつ柔軟に対応しているか？
10	社員との関係，求心力	①	●社員から信頼されて，求心力はあるか？
		②	●社員とコミュニケーションが取れているか？ ●社員の承認欲求を満たし，社員のモチベーションを向上させているか？
11	スキル，人脈	①	●事業運営に欠かせない，他者では不十分な社長のスキルは何か？ ●どんなスキルが，どのように事業に活かされているか？
		②	●事業運営に欠かせない，他者では不十分な社長個人の人脈は何か？ ●どの人脈（顧客・業界関係）が，どのように事業に活かされているか？
12	経営への注力度	①	●経営活動に注力しているか？ ●会合やイベント，趣味など，仕事以外の個人的な外出が多いなどがないか？

11.6

経営・組織活動③
経営体制(3) 戦略・戦術と経営体制

●戦略・戦術と経営体制の分析内容

　まずは「戦略」では，競争の基本戦略である「差別化集中戦略」を実施しているか，そしてアンゾフの成長戦略である「市場浸透戦略（既存製品／既存市場）」「新市場開拓戦略（既存製品／新規市場）」「新製品開発戦略（新規製品／既存市場）」「多角化戦略（新規製品／新規市場）」のいずれの戦略を行っているかがポイントになります。その上で次の「戦術」が何かを具体的に掘り下げていきます。なお，中小・零細企業の中には，戦略や戦術がなく，ただルーチン業務をこなすだけの企業も多くあります。その場合，「持続性」は既存顧客だけに依存することになるため，「安定性」や「成長性」は低いと判断できます。

　次に「経営体制・経営幹部」ですが，社長以外に経営に携わっている経営幹部が誰で，その役割は何か，どの程度機能しているかを確認します。なお，経営幹部の補佐を評価するための切り口は大きく２つあります。１つめは「事業面」で，事業に関してどの分野を担当しているかです。そしてもう１つは11.5の「リーダーシップ面」です。これらを踏まえ，社長と経営幹部が一枚岩で経営に取り組めているかどうか，各々の役割分担によって経営がうまく運営できているかを評価します。

　続いて「意思決定」ですが，社長が独断で意思決定を行うか，経営陣などを巻き込んでいるかです。なお，意思決定は，社長単独か，その他を巻き込むかはどちらが正しいというわけではありません。どちらにせよ，現場や市場環境を把握し，合理的かつ迅速に経営判断を行えていることが重要な判断基準です。

　最後に「事業承継」です。事業の持続性のポイントの１つが，後継者の

有無です。後継者が決まっていて，順調に育成ができていれば評価は高くなります。しかし近年，スモールM&Aが浸透してきており，後継者がいなくても事業継続が可能な環境になっています。

▶経営・組織活動③　戦略・戦術と経営体制の評価項目

1	戦　略	①	●どのような戦略をとっているか？ ●基本戦略では，自社の強みを活かし，ターゲット顧客のニーズに対応した「差別化集中戦略」を実施しているか？ ●成長戦略では，「市場浸透戦略」「新市場開拓戦略」「新製品開発戦略」「多角化戦略」のいずれを実施しているか？
		②	●戦略を現場に発信できているか？ ●戦略が現場で実行されているか？
2	戦　術	①	●戦略を構築しているか？ ●どのような戦術を実施しているか？
		②	●戦術が現場で実行されているか？
3	経営体制・ 経営幹部	①	●経営幹部は誰か？
		②	●各経営幹部の役割は何で，どの程度機能しているか？ ●各経営幹部は，経営陣としての意識を持って経営に取り組んでいるか？
		③	●経営者と経営幹部が連携して経営に取り組めているか？　対立していないか？ ●社長は各経営幹部に対し，どんな時に，どのような内容の相談や打ち合わせを実施しているか？
4	意思決定	①	●意思決定は社長の独断か，それとも経営陣等を巻き込んでいるか？
		②	●合理的かつタイムリーな意思決定ができているか？ ●意思決定に時間がかかる，他者に丸投げされる，放置されるなどがないか？
5	事業承継	①	●社長の後継者，あるいは後継者候補はいるか，それは誰か？
		②	●その後継者は将来の経営者としてどのような強み・課題を持っているか？
		③	●後継者が実際に会社を承継する可能性はどの程度か？
		④	●後継者の育成は実施しているか，どのような育成方法か？
		⑤	●育成はどの程度進んでいて，何年後に承継を考えているか？

11.7

経営・組織活動④　経営体制(4) 収益管理

●収益管理の分析内容

　中小・零細企業の社長の中には，決算書や試算表をチェックせず，自社の収益状況や財務状況をあまり理解していない，つまり現状把握ができていない人も多くいます。試算表が出るのが数か月先，という会社も存在します。現状把握ができていないと，業績が悪化してもタイムリーに効果的な施策を打ち出すことができません。

　まずは「会計処理」では，自社で何を行い，顧問税理士に何を依頼しているか，そして会計システムで計数管理が行われているかどうかを確認します。

　次に「決算書・試算表」ですが，まずは試算表がタイムリーに作成されているかを確認します。試算表は概ね翌月中旬くらいに出ていれば合格レベルといえます。そして決算書で1年間の業績が正確に把握できるかを見ます。例えば，複数事業を運営している場合，複数事業の売上状況が把握できることが望ましいです。また製造業の場合，適切に原価管理が実施されているかも重要です。そのほか，減価償却費が計上されているか，不良債権や死蔵在庫，使途不明金がないか，そして粉飾決済がないことの確認も重要です。さらに，決算書を経営陣が確認して業績を把握しているか，過去数年の業績の推移を把握しているかも確認します。

　続いて「事業計画」です。事業計画は毎年作成することが望ましいですが，単に数字を調整するだけではあまり意味がありません。施策と計画値が紐づいていて，計画自体が目標値となっていることが重要です。ただし，無理な拡大路線の中長期計画を立てることは，固定費の増大を招き，大きなリスクとなりますので，現在の事業に見合った計画を立てているのかを判断することも必要になります。

　最後に「資金繰り表」です。資金繰り表は，実績表と予定表の2種類があり，業績が悪化して資金繰り難を招いている企業は「資金繰り予定表」が重要になります。特に資金繰りが厳しい場合は，日繰り表を作成して，いつ資金ショートするかを確認できるようになっていることが大切です。

▶経営・組織活動④　収益管理の評価項目

1	会計処理	①	●会計処理は自社で何を行い，顧問税理士に何を依頼しているか？
		②	●会計処理はシステムを活用して全社的な計数管理が行われているか？
2	決算書・試算表	①	●決算書で，業績や財務状況が正確に把握できるか？ ⇒複数事業がある場合，各事業の売上が表記されているか？ ⇒製造業の場合，原価管理が実施されているか？ ⇒減価償却費が正しく計上されているか？ ⇒不良債権，死蔵在庫，使途不明金はないか？ ⇒粉飾決算されていないか？
		②	●決算書を確認して業績を把握しているか？
		③	●試算表はタイムリー（翌月中旬頃まで）に作成しているか？
		④	●月次棚卸は実施しているか？（試算表での正確な収益把握）
3	事業計画	①	●毎年事業計画を策定しているか？
		②	●事業計画は，戦略や戦術，現状を踏まえた内容か？ ●無理な売上拡大路線，提出用に調整，数値に施策が反映されていない，数値に根拠がない，などの計画になっていないか？
		③	●事業計画は，形骸化されず，経営に活かされているか？
4	資金繰り表	①	●資金繰り表，資金繰り予定表を作成しているか？
		②	●資金繰りが厳しい場合，日繰り表で管理しているか？

11.8

経営・組織活動⑤
経営体制⑸ 経営のPDCAサイクル

●中小・零細企業では「思考」する環境を作ることが大事

　「経営のPDCAサイクル」とは，試算表でタイムリーに業績（結果）を把握し，現場で発生した問題点（原因）などを探り，問題や課題があれば改善策を構築して修正を図る一連の活動を指します。中小・零細企業は大企業と異なり，戦略や戦術を構築するといった思考を担当する社員がおらず，社員は皆作業に追われているため，事業活動が目の前の業務ルーチンを繰り返すだけに陥る傾向があります。そのため，ルーチン以外の現場の問題解決や新たな顧客ニーズへの対応を吟味する「思考」ができる環境を作ることが大切です。それが中小・零細企業の場合は「経営会議」であり，この経営会議で経営や事業活動のPDCAを回すのです。

　経営会議で実施する内容は4点です。1つめは業績の把握です。前月の試算表の結果と前年同月比，計画比で状況を把握します。重要なことは，出席者全員が簡単に業績を把握できるしくみを作ることです。数値分析が細かすぎて出席者が理解できず，数値の理解に思考を使って現場の吟味が疎かになっては意味がありません。経営会議の目的はPDCAを回すことであり，細かい数値を理解することではないのです。

　2つめは現場の振り返りです。前月実施した施策の結果，その他問題点や新たな顧客ニーズなどの状況を現場から吸い上げて共有します。

　3つめは問題点の改善策，顧客ニーズの対応策を吟味することです。業績が悪化しているなどの問題がある場合，その原因は必ず現場にあるため，現場に詳しい人材の出席が必要になります。

　4つめが今後の施策の決定です。市場環境の変化や競争が激しい中，課題に迅速に対応することが重要であり，経営会議では必ず施策を決定する

（答えを出す）ことが重要です。

　これら4項目を毎月定期的に実施する（経営のPDCAサイクルを回す）ことで，結果主義ではないプロセス（中身）重視の質の高い会議が実現し，自立した経営，迅速かつ合理的な意思決定，そして迅速な改善行動が実現するのです。そのため，この経営のPDCAサイクルがどの程度実施できているかは，対象企業の事業の持続性・安定性・成長性に大きく関連しているといえます。

▶経営会議による「経営のPDCAサイクル」のあるべき姿

出席者	経営者，経営幹部・経理・各事業の責任者 ※現場を把握している人材が出席していること
開催頻度	月1回
実施内容	①　試算表による業績振り返り（予実管理） ②　現場の状況の振り返り（前月の施策の結果，問題点，顧客ニーズ） ③　問題点の改善策，顧客ニーズへの対応に関する検討，吟味 ④　今後の施策（改善策，ニーズへの対応策）の決定
	※①～④を毎月定期的に実施する（経営のPDCAサイクルを回す）ことで，結果主義ではないプロセス（中身）重視の質の高い会議が実現し，自立した経営，スピーディで合理的な意思決定，改善行動が実現する

▶経営・組織活動⑤　経営のPDCAサイクルの評価項目

1	経営会議	①	●経営会議を月1回開催しているか？
		②	●必要な人材が出席しているか？ 　（経営幹部，各事業の責任者，現場の状況を把握している人材）
2	業績振返り	①	●試算表で，月別および累計の業績を振り返っているか？
		②	●前年同月比・計画比で業績を把握しているか？
3	現場振り返り	①	●前月の施策の結果を振り返っているか？
		②	●現場の状況や発生した問題点を共有しているか？
		③	●顧客ニーズ，競合の状況，市場環境の変化を共有しているか？
4	課題の解決策の決定	①	●現場で発生した課題（問題点，顧客ニーズ等）に対する解決策（答え）を会議内で導き出しているか？
		②	●解決策は，問題を改善する対策になっているか？ ●場当たり的な解決策になっていないか？
		③	●決定した施策を即現場で実行しているか？

11.9

情報伝達の種類

これ以降は「組織体制」に関する内容になります。

●情報伝達には主に4種類ある

　組織活動の中での情報伝達はいくつかあり，各々の情報がいかに迅速かつ正確に伝わっているかは，経営および事業活動に重要な意味を持ちます。また，これらの情報伝達に不備があることで，経営や事業活動の非効率や生産性低下，品質低下等を招く場合も多くあります。そのため，その種類と各々のポイントを押さえた上で，各企業の評価を行うことが，事業性評価を的確に行うには必要になります。

　伝達情報の種類は大きく4つあり，それは「トップダウン情報」「ボトムアップ情報」「組織間情報」「組織内部情報」です。

●各伝達情報の説明

　まずは「トップダウン情報」は，経営者や幹部が現場スタッフに対して指示を出すための情報です。例えば経費削減で「昼休みは消灯」「残業ゼロ」など業務レベルの情報もありますが，評価の対象になるのは戦略や方針などの大きな決断の情報で，これらがしっかりトップから発信されているか，迅速に現場に反映されているかがポイントです。

　次に「ボトムアップ情報」は，現場スタッフから社長や幹部に伝達される情報のことで，主に現場スタッフから経営層への提案になります。例えば，業務改善やCS（Customer Satisfaction：顧客満足）向上，経費削減や商品開発企画です。現場情報は現場に携わっているスタッフが最もよく把握しているため，業務の品質向上や生産性向上，新製品開発のためには現場からの提案が欠かせません。これらを日々アップデートすることは，会社の収益力向上に直結するため，ボトムアップ情報がしっかり業務に反映されているかは重要な視点といえます。

　続いて「部門間情報」は，「仕入⇒製造⇒出荷」「顧客情報⇒商品開発」といったルーチン業務の情報のことで，これらが正確かつ迅速に流れているか，部門間で必要な情報が共有されているかをチェックすることです。

　最後に「部門内部情報」は，各部門の個人で持っている情報やノウハウのことで，部門内でタイムリーに情報が共有されるしくみがあるかどうかの確認です。各部門の内部で情報が共有化されていなければ，業務の属人化を招き，組織活動の効率性・生産性が失われてしまう恐れがあります。

▶ 情報伝達の情報の種類

トップダウン情報	● 社長や幹部が意思決定を行って現場へ指示が出る情報 ● 主に戦略や方針など，大きな決断の情報のほか，会社全体に一気に実施する必要がある業務レベルの情報
ボトムアップ情報	● 現場スタッフから社長や幹部に伝達される提案内容 ● 主に業務改善，CS向上，経費削減，商品開発企画など
部門間情報	● 各部門間で伝達される情報 ● 「仕入⇒製造⇒出荷」「顧客情報⇒商品開発」などのルーチン業務，必要な情報の部門間の共有化など
部門内部情報	● 各部門の内部で伝達・共有される情報 ● 組織内の日々の業務報告，問題点の共有化など

11.10

経営・組織活動⑥　組織体制(1) 組織体制と組織力

●組織体制と組織力の分析内容①

　まずは「会社全体の組織図・業務内容」を確認して，組織全体を整理します。そして組織図の中に必要な機能が欠如していないかを確認します。例えば営業部門がない場合，売上向上や顧客の維持に課題がないかの掘下げが必要になります。

　次に「組織体制」です。中小・零細企業でも規模が大きくなると，必要以上に部門数と階層が増え，業務の煩雑化や非効率化，セクショナリズムを招くことがあります。そのため，企業規模に見合った組織体制になっているのか，もし必要以上に細かく部門が分かれている場合は業務の非効率等がないかを確認します。その他，各部門の責任者に適切な肩書があるか，管理者が兼任，パートが責任者などで，部門統制に問題が出ていないかなども分析が必要です。なお，管理者がプレイヤーを兼任する「プレイングマネージャー」の場合は統制が難しいといわれますが，業務がしくみ化され，各自の役割分担がしっかり構築されていれば問題はないはずです。しかし実際には，プレイングマネージャーが自身の業務に集中して部門を管理できず，部下の育成もできずに，部門全体の業務の生産性や品質の低下を招くケースもあります。人材が限られる中小・零細企業では，マネージャークラスも現場で働かなければならないケースが多いため，これらの確認が必要です。

　「業務体制」では，業務が効率的に行われているかを確認します。具体的には，一部の社員に業務の偏りがないか，シフトやローテーションが行われているか，IT化・データ化が進んでいるか，ルーチン業務が確立しているか，ルーチン業務に無駄な業務はないか，といった内容の評価になります。

▶経営・組織活動⑥　組織体制と組織力の評価項目

1	組織図と各部門の業務内容	①	●会社全体の組織図の整理
		②	●各部門の業務内容の整理
		③	●欠如した機能はないか？（営業部・企画開発など）
2	組織体制	①	●部門として役割は明確になっているか？ ●属人化した役割はないか？
		②	●会社規模に見合った組織体制になっているか？ ●部門数の過多により，業務フロー（指示・提案・決裁）の煩雑化・非効率化，組織の縦割りによるセクショナリズム等を招いていないか？
		③	●会社規模に見合った役職・階層になっているか？ ●役職・階層の過多により，業務（報告・決裁）スピードに影響がないか？
		④	●各部門の実質的責任者が存在しているか？ ●実質的責任者不在，パートが責任者等により，部門の管理・統制に問題（非効率，生産性・品質低下，問題放置等）が起きていないか？
		⑤	●各部門の人数は適正か？ ●余剰人員，人材不足がないか？
3	業務体制	①	●各社員・パートの業務量のバランスが取れているか？ ●「社員間の手待ち」「不要な業務分担（1人でできる業務を複数に分担）」「仕事量の偏り（一部の社員に業務集中）」「特定業務の1個人の抱え込み」「特定個人への押し付けや過剰労働」等が起きていないか？
		②	●事業間や部門間で必要なシフトやローテーションが行われているか？
		③	●IT化，データ化は進んでいるか？ ●IT化すべき業務がIT化されていない，データ化すべき業務が手書きになっている等はないか？
		④	●ルーチン業務が確立しているか？ ●ルーチン業務に無駄な業務（重複業務，不要な決裁等）はないか？ ●ルーチン以外の業務（商品開発・クレーム対応・ネット対応・販促活動・申請書類作成業務等）の業務を行う部門や人材は存在しているか？

●組織体制と組織力の分析内容②

　続いて「部門長・管理者」では，部門長・管理者が現場の状況をタイムリーに把握しているかをチェックします。組織活動では，管理者が部門を統制し，部下に適切な指示を出して業務の生産性を高めることが求められます。大企業の場合は，スケジューリング・業務内容・作業手順・シフト・役割などのしくみがしっかりと構築されているため，管理者がいなくても日常のルーチン業務に支障がないかもしれません。しかし中小・零細企業の場合，それらのしくみが曖昧な場合が多く，その分部門長の役割も大きくなりがちです。そのため，管理者の肩書の形骸化，部門未統制，問題放置，未決断，情報未伝達，部下への仕事丸投げなどにより，業務の生産性低下と品質低下を招いていないかを分析します。

　次に「情報伝達」です。前述した「トップダウン」「ボトムアップ」「部門間」「部門内」に関する情報について，迅速かつ正確に流れているか，情報伝達がうまくいかず業務に支障をきたしていないかを確認します。

　最後に「協働体制・自立性」の確認です。まずは協働体制ですが，具体的には，部門内や部門間で協働体制が確立し一体感があるか，属人的な業務で周囲の協力が得られないといった状況となっていないかなどを確認します。次に社員同士の部門内・部門間のコミュニケーションや関係性が良好か，各種ハラスメントや対立などがないかもチェックします。組織で協働体制がなく，コミュニケーションが欠如して社員間の関係性が良くないと，小さな問題や不明点も周囲の助けが得られないため，業務のスピードや品質が低下するだけでなく，社員の成長スピードにも影響が出てしまいます。

　続いて組織の自立性ですが，具体的には，部門内で発生した問題を部門内で解決できているかどうかです。権限委譲され，各部門で自立した運営体制が構築できていれば，業務のさまざまな問題が現場レベルで迅速に解決するため，業務の効率性や生産性は向上していきます。

▶経営・組織活動⑥　組織体制と組織力の評価項目（続）

4	部門長・管理者		①	●部門長が現場の状況をタイムリーに把握しているか
			②	●部門長・管理者が必要な決裁権を持ち，部門を管理・統制しているか？ ●過剰な社長決裁がないか？ ●未統制・未管理で，問題放置，スピードや品質低下等を招いていないか？
5	情報伝達	トップダウン	①	●経営者の方針等が現場に発信され，現場が迅速に行動に移す体制があるか？
		ボトムアップ	②	●業務改善・CS向上・経費削減等が現場から提案される体制があるか？
		部門間	③	●「仕入⇒加工⇒出荷」等の業務ルーチンの情報がスムーズに流れているか？ ●情報が途中で止まる，正しく情報が流れない等が起きていないか？
		部門内	④	●部門内でタイムリーに情報が共有されるしくみがあるか？ ●情報が共有化されず，業務の属人化を招いていないか？
6	協働体制・自立性		①	●部門内・部門間の協働体制が確立し，組織の一体感があるか？ ●業務が属人化して協力体制がなく，生産性が低下していないか？
			②	●部門内・部門間でコミュニケーション，関係性は良好か？ ●自由に意見を言い合える風通しの良い雰囲気があるか？ ●対立やいじめ，派閥，各種ハラスメントはないか？
			③	●部門内の問題を部門内で解決できる，自立した組織体制になっているか？

11.11
業務レベル評価表

●中小・零細企業では，従業員の力量も事業性評価の重要な要素

　中小・零細企業は，余剰社員を抱える余裕はないため社員数が限られており，能力の高い人材の採用も難しいため，現在在籍している社員で運営していかなければなりません。そのため，個々の社員の力量も会社への貢献度に大きく影響し，社員のスキルや取り組み姿勢などによって，業務の生産性や品質が大きく変わります。スキルが高く行動力のある人材は大きな戦力になりますが，そのような人材がいなければ業務の質は下がります。そのため，社員という経営資源を最大限に有効に機能させるためには，社内で育成し，早く一人前に育てる必要があり，それには管理者や熟練者の指導力が重要です。また，組織の中で個々の社員が十分に機能するには，協調性や他者との関係構築も重要な要素となります。このように中小・零細企業では，個々の社員の力量も重要な評価の対象になるのです。

●社員の力量を図る「業務レベル評価表」

　従業員の力量を評価するには，右表のような「業務レベル評価表」を作成すると効果的です。この表で，どの社員の貢献度が高いかを確認すると共に，社員全体のレベルも測ることができます。例えば，スキルの高い従業員が１人だけであれば，その従業員が抜けたら一気に会社の価値が低下するというリスクの高い状態であり，育成体制に問題があるといえます。逆にスキルの低い従業員がいれば，どの社員を集中的に育成しなければならないかが見える化でき，さらには担当替えなど，具体的な提案も可能となります。

　なお，従業員数が100人以上という規模になると，個々の社員の評価が難しくなるため絞り込みが必要ですが，30人〜50人程度までであれば全員の評価が可能です。また，これらの評価は必要以上に緻密に作成する必要

はなく，ある程度正確なデータがあれば十分です。そのため，社長や幹部，管理者からのヒアリングで作成します。

▶業務レベル評価表（例）

	氏名	部門	業態	性別	役職	年齢	勤続年数	部門のスキル	指導力	取り組み姿勢	協調性関係性	備考
						(歳)	(年)	1（低）〜5（高）				
1	山田太郎	社長	取締役	男	社長	54	30	4	3	5	2	ワンマンで単独行動が多く，社員との関わりが少ない
2	山田花子	総務	取締役	女	取締役	52	20	2	2	4	5	社員と社長の仲介役で，社員からの信頼も厚い
3	EN		パート	女		60	23	4	1	4	5	PCスキルが高く業務が効率的。指示に忠実だが自身からの提案はない
4	伊藤四郎	製造部1課	正社員	男	工場長	58	26	5	1	3	1	自身の業務中心，他者と会話せず管理や指導力不足，自身のスキルを継承できていない
5	IN		正社員	男	課長	37	7	3	4	5	5	業務レベルすべて高いが，スキルの指導をしない工場長に不満あり
6	KS		正社員	男		22	1	1	1	2	2	マイペースで向上心不足。指示には従う
7	KO		パート	男		19	0	1	1	4	4	士気は高く，他者とすぐ打ち解け，将来性あり
8	SO	製造部2課	正社員	男		65	32	3	2	3	3	おとなしく指導力は不十分だが他者との関係性はある
9	TN		パート	女		67	28	3	3	3	3	業務経験長く，実質的なパート取りまとめ役となっており上司に不満あり
10	KM		パート	女		56	17	3	2	3	2	業務はテキパキこなし，指示にも忠実
11	NT		パート	女		21	1	2	1	1	1	士気低く業務も遅い。指示を拒否する場面あり
12	田中一郎	営業	正社員	男	課長	51	30	4	1	2	2	多くの既存顧客を持つが新規開拓は未実施で，部下の管理・指導なし
13	NT		正社員	男		37	5	4	3	4	5	行動力があり既存顧客以外に積極的に新規開拓を実施

11.12

経営・組織活動⑦　組織体制⑵　人材・スキル，人事

●人材・スキル，人事の分析内容①

　本フレームの評価は，前頁の「業務レベル評価表」を作成した上で実施すると，迅速かつ正確に分析が可能です。

　まず「社員の意識・勤務態度」は，社員の取り組み姿勢などを評価します。具体的には，社員のモチベーション，社員の積極性や行動力，問題意識や改善意識の有無，さらに基本ルールの厳守などです。これらは個々の社員によって異なるため，意識の高い人材と低い人材が存在し，それらが業務に大きく影響を及ぼす程度であれば，強みと問題点の双方に取り上げます。そのほか，人は嫌いな人の指示には従いたくないという性質があるため，社員が社長への忠誠心や尊敬の念を持っているかも経営に大きく影響します。

　「社員の業務レベル」は，まずは各部門の年齢やスキルのバランスを見ます。年配者ばかりの部門の場合は，スキルの承継に課題が残り，会社の持続性に問題があるといえます。一方で若い社員ばかりの場合は，業務の質に問題がないかを確認する必要があります。その他，中小・零細企業の場合は，パソコンなど基本スキルや業務スキルが低い社員がいたり，スキルに偏りがあったりするなどで，業務ルーチンの中で生産性低下を招いたり，逆に高いスキルの社員によって大きなプラス効果がある場合もあるため，それらを具体的に掘り下げて評価していきます。

　「教育体制」は，まずはOJTやマニュアル等で社員が成長するしくみがあるかどうかの確認です。大企業の場合，OJTは主任レベルや先輩社員が「仕事の一部」として取り組んでいますが，中小・零細企業の場合，OJTは仕事の一部ではなく個人に任されていることが多いのが現状です。そのため，OJTが実施されずに「仕事を先輩から盗む」という古い体質が残り，

新入社員の成長スピードが遅くなる傾向が見られます。そのほか，業務内容が概ね固定されてパート社員が多い場合は，マニュアルの整備も重要なポイントになります。

▶ 経営・組織活動⑦　人材・スキル，人事の評価項目

1	社員の意識・勤務態度	①	● モチベーションが高く，意欲的に業務に取り組んでいるか？ ● 問題意識や，解決・改善，CS向上の意識を持っているか？ ● 積極的・行動的で，果敢にチャレンジする人材はいるか？
		②	● 基本ルール（遅刻や無断欠勤なし）は守っているか？
		③	● 社長に対する忠誠心・尊敬の念を持っているか？
2	社員の業務レベル	①	● 社員の年齢・勤続年数・業務レベルはどうか？
		②	● 各部門の社員の年齢・スキルのバランスは妥当か？ ● スキル不足や年齢の偏りにより，業務スピードや品質に問題がないか？
		③	● 日常業務の基本スキル（業務知識，IT能力）はどの程度か？ ● 基本スキルの不足により業務の非効率，生産性低下を招いていないか？
		④	● 業務レベルの高い社員の存在で，どのようなプラス効果があるか？
3	教育体制	①	● OJTの体制があり，新入社員が短期間で戦力になるか？ ● 社員のスキル向上，マルチタスク化等が進展しているか？ ● 教育が個人社員任せ，熟練者のスキルの未承継，スキルが個人の暗黙知で承継・共有されていない，等が起きていないか？
		②	● 各種マニュアルが整備されているか？ ● マニュアル未整備により業務スピード・品質等に問題がないか？

●人材・スキル，人事の分析内容②

　続いて「人材の流入・流出」です。退職率が高い会社と低い会社がありますが，それぞれ必ず理由があります。主な理由は，会社が社員を大切にしている，していないということです。社員を大切にする会社は社員にとって居心地が良い会社であり，社長と社員，そして社員間でコミュニケーションが取れ，風通しが良く，育成体制が整っていて成長も早くなる傾向があります。そして社員を大切にしていると，社員はやりがいを感じることができ，その結果，顧客を大切にすることにつながります。

　一方で退職率の高い会社の多くは，積極的に自立を促す会社は別ですが，社員を大切にしていません。そのため，退職率を切り口にその理由を探り，会社の隠れた強みや問題点を探ることで，内部の詳細な情報を得ることができます。

　「評価制度，昇進・昇格」は，これらの制度がしくみ化されて有効に機能しているかの評価です。ただし中小・零細企業の場合，これらのしくみがなく，社長独自の判断の場合が多いのが現状です。しかし，評価や昇進の制度がなくても，社長と社員のコミュニケーションがしっかり取れ，信頼関係があればそれほど問題にはなりません。逆に制度に無理に合わせることで，人件費高騰や平均レベルの社員の不要な昇進など，「貢献度は低いが役職や給与だけは高い」というような，現場に適合しない組織体制が出来上がってしまうケースも出てきてしまいます。

　「給与体系」は，従業員の給与が妥当かどうか，給与体制に問題がないかの確認です。例えば，年功序列が残っていて，業務への貢献度が低い人材が高給取りになっていると，他の社員の士気に影響が出てしまいます。そのほか，営業マンの給与が歩合制となっている場合があります。これは保険会社など，営業マン個人の力量で受注していることが前提となります。しかし，一般的な企業のように組織で売上向上に取り組む場合，チラシは企画部門が作成し，詳細説明は技術部門が説明する，というような分業体

制で顧客を獲得しています。そのような場合，営業マン個人の力量ではなく，組織全体が役割分担して受注を獲得していることになるため，そのようなケースでは歩合制は効果がないばかりか，逆に部門間で不公平感が出てしまう可能性があります。

　最後に「勤務体系」は，正社員やパート・アルバイトの勤務体系や勤務時間が適正かどうかの確認です。例えば，繁忙期と閑散期の差が激しく，閑散期は特に仕事がない中で，パート・アルバイトの勤務時間が固定化されている場合は，人件費が無駄にかかっているといえるでしょう。

▶経営・組織活動⑦　人材・スキル，人事の評価項目

4	人材の流入・流出	①	●社員・パートの退職率はどの程度か？ ●退職の主な理由は何か？
		②	●不足した社員・パートの採用時にスムーズに人が集まるか？
		③	●当社に不足している，必要な人材はどのような人材で，その理由は何か？
5	評価制度，昇進・昇格	①	●社員の評価のしくみがあり，有効に機能しているか？
		②	●昇進・昇格のしくみがあり，有効に機能しているか？
6	給与体系	①	●経営幹部，役職者，正社員，パートの給与は妥当か？
		②	●「歩合制」がある場合，それが合理的なしくみになっているか？ ●不公平感が出ていないか？
		③	●「年功序列」で業務の負荷による不公平感はないか？
		④	●残業代は適切に支払われているか？
7	勤務体系	①	●正社員の勤務体系・勤務時間は適正か？
		②	●パートの勤務時間は，繁忙・閑散期（時間）に柔軟に変更しているか？ ●勤務時間が固定化し，繁忙期の残業，閑散期の手待ちが発生していないか？

┌─COLUMN─┐

事例11　金属・プレス加工

売上高	5,000万円	借入金	1億円
社員数	4名	社長	50代男性

　金型製造とプレス加工を行う会社です。社長と息子が金型製造とプレス加工を実施，社長の妻が経理，そして営業活動は外部の知人に委託しているという，家族経営に近い体制です。

　同社は近年低価格競争に巻き込まれ，売上は減少傾向です。最近は「金型製造＋プレス加工」双方の案件のみを受注し，「金型製造」のみの注文は断っています。理由は，金型のみだと単発で安定した売上にはならないこと，そして金型販売で図面を提示することで技術が流出してしまうためです。

　同社の強みは，加工技術の高さであり，「超薄型」「超小型」「複雑形状」の加工技術が高く，製品図面を見ただけで金型の工程をイメージでき，工程の簡素化による低コスト化が可能な高い設計力も持っています。競合他社でもここまで高い技術を保有しているところは少ないということです。

　問題点は，営業を外注担当者任せにしていることです。外注担当者は以前大手電機メーカー出身で広い人脈を持っているため，訪問先は，自身の人脈を使った大手メーカー向けが中心です。しかし，同社のような小さな会社が，すでに多くの企業と取引している大手企業と新規で取引を開始するということは，相当な強みがなければ困難です。そのため一向に受注に結び付いていません。

　改善策は，営業活動を見直すことです。具体的には，受注可能性の高い「同業社」にターゲットに絞ります。同業社は自社で実施できない微細加工の要求で悩んでいるケースがよくあり，それらを案件に取り込むことが可能だからです。また，新規取引開始のハードルも低く，相手に必要性が生じれば即受注につながる可能性があります。さらに，他社が受けきれない案件を回してもらうことも期待できます。

第12章 内部環境分析

(2) 営業・販売活動

12.1

営業・販売活動① 営業体制

　「営業・販売活動」は，営業活動を行わない，店舗運営のみの事業（小売店・飲食店・サービス業）の場合は割愛してください。

　なお，売上アップの手法は，右上段の表のとおり，営業・販促（販売促進）・マーケティング・ブランディングの「売上アップの4手法」がありますが，本章ではこれらすべてを含めて評価します。

●売上アップの4手法

　企業活動において売上向上を担う部門は，組織の中で営業部門が担当しています。そのため，売上向上が営業にのみクローズアップされる傾向があります。特にBtoBのビジネスでは顕著です。しかし，収益化に関する業務は，営業のほかにも，販促（販売促進），マーケティング，ブランディングがあり，本書ではこれを「売上アップの4手法」と呼びます。右上段の表にその定義を示していますが，主に，営業は顧客との1対1での面談，販促はチラシやネットを使った不特定多数へのアプローチ，マーケティングは「誰に・何を・どのように」の明確化と売上アップのしくみ構築，ブランディングは自社の強み・価値の向上と浸透活動です。本章では，これら売上アップの4手法をトータルで評価します。

●営業体制とコンセプトの分析内容

　「営業の組織体制・業務内容」は，営業部門の組織図と業務内容を確認した上で，管理者による統制・指導など，組織的に営業活動が行われているかを確認します。また，社長の営業への関与も確認します。例えば，社長の人脈によって顧客との関係が維持され，継続的に取引されている場合，社長退任後の取引に問題が出ないよう対策が取れているかの確認が必要になります。

　「営業スキル」では，個々の営業マンが企業のポイントとなる「必要な

情報の収集」「傾聴」「笑顔」「顧客軸」「わかりやすい説明と提案」ができているかを評価します。これらを高いレベルで実施する営業マンは，顧客と信頼関係が構築できるレベルに到達しているといえるでしょう。

　「ターゲット顧客」は，ターゲット顧客が明確か，そのターゲット顧客に向けた施策が実施されているかどうかを確認します。

▶売上アップの４手法

営業	●個々の顧客への１対１の面談，直接アプローチ
販売促進（販促）	●ネット・紙媒体ツール（チラシ），広告など，不特定多数へのアプローチ
マーケティング	●「誰に（ターゲット顧客）」「何を（商品・サービス，その強み）」「どのように（具体的施策）」の明確化 ●売上アップの活動のしくみ構築
ブランディング	●自社のブランド（強み・価値）の向上と浸透活動

▶営業・販売活動①：営業体制の評価項目

1	営業の組織体制・業務内容	①	●営業・販促部門の組織図の整理
		②	●各部門の業務内容とその特徴の整理
		③	●営業・販促部門の管理者はいるか？ ●管理者として営業マンを管理・指導できているか？
		④	●社長は営業にどのように関わっているか？（社長個人の人脈など）
2	営業スキル	①	●各営業マンに「顧客の情報を聞き出し，顧客の話に傾聴する」「相手の立場に立って，笑顔で話をする」「商品の特徴，顧客のメリットをわかりやすく説明し，提案できる」という基本スキルがあるか？
		②	●顧客と信頼関係を構築できているか？ ●顧客が「この人から買いたい」と思うレベルに到達しているか？
3	ターゲット顧客	①	●ターゲット顧客は誰か？（BtoB：業種・地域等，BtoC：性別・年齢層等） ●ターゲット顧客と施策が適合しているか，ずれていないか？

12.2

営業の種類

●営業活動には大きく5種類ある

　一概に営業といってもいくつかの種類があります。大きくは「法人営業」と「個人営業」,「直接営業」と「間接営業」, そして「通信・ネット販売」の5種類で, それぞれ活動内容や評価のポイントが異なってきます。そのため, ここで営業の種類とその内容, 評価のポイントを整理します。

●各営業の説明

　「法人営業」とは, BtoBの企業向け営業です。その特徴は, 面談する担当者と決裁者が異なっていて決裁者と面談することは難しいこと, 1人ではなく複数人で採用を決定すること, そして感情的ではなく合理的に判断することです。そのため, 面談者向けの営業トークだけでは不十分で, 表に出てこない決裁者にもわかりやすく自社商品のメリットが簡潔に伝わるような資料の提示が必要になり, その資料作成のためには組織的な協力も必要となります。

　一方で「個人営業」とは, BtoCの一般消費者向け営業です。個人営業は法人営業と反対に, 主に面談相手が購入者で, その面談相手が採用を決定し, 衝動的かつ感情的に判断します。そのため, 目の前の面談者を受注に持ち込むための営業トークや営業センスが重要なポイントになります。

　次に「直接営業」は, 商社や問屋, 卸売ではなく, メーカーや小売, 一般消費者に直接面談する営業スタイルです。顧客と直接面談できるため相手に正確に価値を伝えることができ, 中間マージンが不要な反面, 受注するのに時間と労力がかかります。中小・零細企業の営業は顧客に自社の価値を伝え, 長期的な関係を築く必要があるため, 直接営業を活用することが望ましいといえます。

　一方で「間接営業」は, 商社向けの営業です。少ない労力で幅広く展開

できる反面，ブランド力がなければ新規開拓は難しく，中小・零細企業の新規開拓には不向きといえるでしょう。

　「通信・ネット販売」は，ネットや雑誌，カタログを介しての販売活動で，商圏拡大に有効な手段である一方，自社ホームページ上での集客が難しく，ポータルサイトでは競合が多いため，自社ホームページのSEO対策や，実売との組み合わせなどしくみ作りがポイントになります。

▶営業の種類

1	法人営業	●企業向けの営業活動（BtoB） ●特徴は「営業相手（窓口）と決裁者が異なり，決裁者との面談は難しい」「複数人（部門）で決定する」「感情的ではなく合理的に判断する」 ●営業窓口以外の担当者にも説明し，説得しなければならないため，営業トークだけでなく，提案資料等のツールが重要
2	個人営業	●個人（一般消費者）向けの営業活動（BtoC） ●特徴は「営業相手が購入者（家族の場合もあり）」「個人で決定する」「衝動的，感情的に判断する」 ●目の前の人が購入者であるため，営業トーク・対応力が重要
3	直接営業	●メーカー・小売・一般消費者向けに直接面談する営業活動（BtoB，BtoC） ●1社に対し丁寧な営業活動が可能で，中間マージンが不要である一方，受注に時間と労力がかかる ●新規の顧客や，中長期的な採用には，顧客との関係性を構築することが必要になり，直接営業が重要となる
4	間接営業	●商社向けの営業活動（BtoB） ●少ない労力（営業マンの数）で，幅広く（広域で）販売させることが可能 ●大手企業のようなブランド力がなければ，間接営業での新規開拓は難しい
5	通信・ネット販売	●ネットや雑誌，カタログを介しての販売活動（BtoB，BtoC） ●商圏拡大，売上拡大，新規開拓にはネット販売は有効 ●ただし，自社ホームページでネット販売は集客は難しいため，どの程度登録者がいて，実績がどの程度かの確認が重要

12.3

営業・販売活動②　営業手法

●新規顧客と既存顧客の営業に必要な情報

　右上段の表に，新規顧客開拓，および既存顧客のリピート・横展開の際に必要な情報を整理しました。各々の営業活動は，これらの情報を顧客から聞き取り，その情報を元に個別に対応していくことが重要なため，この内容が実施できているかどうかを営業活動の手法の分析に活用します。

●営業手法の分析内容

　「営業の種類」は，前項の内容を踏まえて評価します。

　「営業戦略・営業方針」は，営業戦略や方針について確認し，それらによってプラス面・マイナス面がないかを分析します。例えば，プラス面では，顧客を絞る戦略によって効率的な営業・販促活動が実施できている，マイナス面では，顧客を絞りすぎて営業活動が限定的になる，目標利益率を高く設定しすぎて受注の機会を逃す等が考えられます。

　「営業・販促手法①　新規顧客」では，新規開拓営業について評価を行います。まずは新規問合せ客が何を見聞きして連絡してくるかを確認します。そして新規開拓営業実施の有無と，その手法を評価します。具体的には，必要な情報を収集し，商品の強み，ベネフィットを説明できているか，クロージングまで営業マンが実施できているかです。また，新規開拓の営業活動の頻度や実績もあわせて評価します。ただし実際には，新規開拓を実施していない，また実施していてもその手法が非効率で効果が出ていない中小・零細企業が多いのが現状です。

　「営業・販促手法②　既存顧客」は，既存顧客のリピート・横展開営業について評価します。具体的には，必要な情報を収集しているか，定期訪問できているか，定期発行の販促ツールやSNSなど，訪問以外で定期的にアプローチしているかです。

▶「新規顧客開拓」「既存顧客のリピート」で確認すべき情報

「新規顧客開拓」営業で確認すべき情報	① 現在採用している商品（競合商品） ② 使用状況（良い点・悪い点，その理由） ③ 当社と比較した際の感想
「既存顧客の継続・リピート」営業で確認すべき情報	① 自社の商品の使用状況（良い点・悪い点） ② 今後の見込み（いつ，どれだけ売れるか） ③ 業界トレンド（PEST），他社情報

▶営業・販売活動②　営業手法の評価項目

1	営業の種類	①	●法人営業（BtoB）・個人営業（BtoC），直接営業・間接営業のいずれか？ ●通信・ネット販売は実施しているか？
2	営業戦略・営業方針	①	●営業戦略や方針があるか？　それは何か？
		②	●この戦略・方針は有効に機能しているか？ ●不都合な点（営業活動・顧客獲得が制限される等）がないか？
3	営業・販促手法① 新規顧客	①	●新規顧客は当社の何を見て（聞いて）最初に問い合わせるのか？
		②	●新規開拓営業はどのような手法か？
		③	●「新規顧客開拓で入手すべき内容」を実施しているか？ ●商品説明，自社商品の強み，顧客のベネフィットを説明できているか？ ●新規の見込み客に対して適切なアプローチができているか？
		④	●新規開拓営業はどの程度実施しているか？（○社／週など） ●新規開拓数はどの程度か？（月○社・年○社，新規訪問のうち○割など）
4	営業・販促手法② 既存顧客	①	●既存顧客営業はどのような手法か？
		②	●「既存顧客のリピート・横展開で実施すべき内容」を実施しているか？ ●未採用の商品のPRを行っているか？ ●横展開（知り合いや他部門の紹介）を行っているか？
		③	●既存顧客へは適切な頻度で定期訪問・定期アプローチを行っているか？ ●放置された既存顧客はあるか？　それはどの程度あるか？

12.4

紙媒体ツールとネットメディアの種類

　新規顧客を獲得し，リピート化するためには「営業」だけでは不十分で，ツールやネットを使った「販促」も重要です。そこで販促の理解を深めて評価の質を高めるため，さまざまな販促の手法をここで整理します。

●**紙媒体の種類**

　紙媒体の販促ツールは，右図のとおり「会社案内」「商品紹介ツール」「ニュースレター・セールスレター」「その他チラシ」に分類しています。さらに商品紹介ツールは「リーフレット」「商品カタログ」「事例集」「パワポ資料」に分けています。そして評価では，これらのツールの活用有無と活用方法を確認し，それらの効果性を確認します。

　ツールの目的は，自社あるいは商品の魅力や価値を伝え，顧客にベネフィット（便益）を感じてもらうことです。そのため，単に商品の写真と商品名，値段だけ記載されたものでは，目的を達成することはできません。そういう観点で評価を行います。

　なお，営業マンが少なく，定期訪問が困難な場合，その代替として「ニュースレター」や「セールスレター」が有効な手段となります。

●**ネットメディアの種類**

　商圏を拡大し，より多くの顧客に自社の商品やその強みを伝えるためには，ネットの活用は欠かせません。そしてより多くの顧客を取り込むためには，文字だけでなく画像や動画を取り入れることが望まれます。

　ネットメディアは，概ね「ホームページ」「メルマガ」「SNS」があります。ホームページは，新規顧客が最初に閲覧することを意図したものです。そのため，会社や商品を知らない未認知の客が，ホームページを見て「買いたい」「問合せしてみよう」と思ってもらうことが大切です。したがって，会社案内情報といった基本情報だけでなく，会社の詳細情報や商品の詳細

情報，事例など，会社の価値が伝わるあらゆる情報を掲載することがポイントです。

▶紙媒体ツールとネットメディアの種類

紙媒体	会社案内		●会社の概要が網羅的に記載されているツール ●初回面談の顧客に対し，会社の概要を伝えるためのもの ●会社の特徴（強み）が強調されているかがポイント
	商品紹介ツール	リーフレット	●１枚の用紙を２つ折り・３つ折りにして配布されるツール ●会社案内の小型版で，商圏内の他社の各店舗に設置してもらうもの ●会社の特徴（強み）が強調されているかがポイント
		商品カタログ	●商品ラインナップを紹介する複数枚の冊子 ●取扱い商品の全体像を伝えるためのもの
		事例集	●事例を紹介したツール・冊子 ●各製品の特徴のほか，自社の技術や経験をアピールするもの
		パワポ資料	●商品・サービスを詳細に説明した資料 ●プレゼン用で，詳細な内容を把握できるため，興味を持った顧客に有効 ●ページ数が多いため，配布だけでは顧客に認識させることは期待できず，口頭で説明する必要がある
	ニュースレター セールスレター		●ニュースレターとは，定期的に配信する企業の新聞のようなもので，定期配信で自社の価値を浸透させたり関係性を構築するためのツール ●セールスレターとは，定期的に配信する集客や売込をするもので，定期配信で商品やセミナー等を紹介して売上や集客に直接結び付けるためのツール
	その他チラシ		●ポスティングチラシ，ポスターなど
ネットメディア	ホームページ		●自社の総合的な情報を記載したページ ●会社案内情報といった基本情報のほか，会社の詳細情報，商品の詳細情報，事例など，すべての情報を詳細に明記し，かつ価値，魅力が確実に伝わる構成になっている必要がある ●SEO対策を行い，検索エンジンで必要なキーワードで上位表示されることが重要 ●メリットは，膨大な情報を掲載できるため，情報の寿命が長い，閲覧者の滞在時間が長く熟読度も高い，検索エンジンとの相性も良いこと ●デメリットは，情報のリアルタイム性，情報の拡散性が低いこと
	メルマガ		●メールマガジン。プッシュ型のツール ●登録した人に定期配信し，顧客の囲い込みや，集客等に活用する ●メリットは，タイムリーに低コストで情報を発信できるため，登録者との接点を増やすことができること ●デメリットは，読者に登録してもらうための工夫が必要なこと，情報の寿命が短いこと，読んでもらえないことも多いこと
	SNS		●Facebook，Instagram，YouTube，Twitter，Lineなど。プル型のメディア ●メリットは，情報アップや閲覧が気軽に行えるため，情報のリアルタイム性，拡散性が高いこと ●デメリットは，情報の寿命が短いこと，検索エンジンとの相性が低いこと，滞在時間や熟読度が高くないこと

12.5

営業・販売活動③
営業・販促ツール，ネットメディア

●営業・販促ツール，ネットメディアの分析内容

　営業・販促ツール，ネットメディアの分析内容は，前述した各々の特徴を踏まえて評価するのですが，総合していえることは，

① 　会社や商品・サービスの「強み」が明記されているか

② 　強みが他社と「差別化」されたものとして読み手に伝わるか

③ 　強みは「顧客のニーズ，ウォンツ」に適合しているか

がポイントになるので，これらを集中的に確認するようにしてください。

　「会社案内」は，既存顧客のみ商売している中小・零細企業の場合はあまり活用されず，存在しなかったり，数十年前に作成したままの状態で，社長の写真が若くて別人のようだったりする場合もあります。

　「商品紹介ツール」は，カスタマイズ製品や加工，デザイン性の高い商品など，個々の商品で大きな強みが表現できる場合に有効です。

　「その他紙媒体ツール」は，各種販促ツールの確認です。販促ツールのコンテンツも上記3点がポイントになり，営業マンや営業活動の代替にもなるため，これらがどのような場面で活用されているか，営業マンがしっかり活用しているかも重要な視点です。

　「ホームページ」は，新規顧客が最初に閲覧してその会社を判断する重要なツールです。BtoBでは「事例」や「よくある質問」で企業が陥りそうな問題を解決する内容を掲載すると効果的です。なぜなら企業は，問題が発生した時にその解決策を発見するために各社のホームページをチェックする場合が多いからです。またBtoCの場合，スマホで検索されるケースが多いためスマホに対応していることが重要です。

　「メルマガ・SNS」では，いかにこれらを活用してより多くの顧客を取

り込み，ホームページ等に誘導できるかが重要です。そしてスマホがよく使われるBtoCのビジネスでは「SNS＋スマホ対応」が必須といえます。ただしBtoBでもホームページへの誘導などに効果を発揮します。

▶営業・販売活動③　営業・販促ツール，ネットメディアの評価項目

1	会社案内	①	●必要な情報が網羅されているか？
		②	●情報は新しいか？　定期的に更新されているか？
		③	●会社の強み（アピールポイント）が強調されているか？
2	商品紹介ツール	①	●どのツールを使用しているか？
		②	●必要な情報が記載されているか？
		③	●そのツールはどんな時に活用し，有効に活用できているか？ ●配信頻度が低い，活用していない等がないか？
3	その他紙媒体ツール	①	●上記以外でどのツールを使っているか？
		②	●必要な情報が記載されているか？
		③	●そのツールはどんな時に活用し，有効に活用できているか？ ●配信頻度が低い，活用していない等がないか？
		④	●その他，当社にとって必要と考えられるツールは何か？ ●そのツールがないことで，どんな情報が顧客に伝わっていないか？
4	ホームページ	①	●ホームページはあるか？ ●スマホに対応しているか？
		②	●必要な情報が網羅されているか？ ●会社のアピールポイントが強調されているか？
		③	●SEO対策が行われているか？ ●必要なキーワードで，検索エンジンで上位に表示されるか？
		④	●情報は定期的に更新されているか？
5	メルマガ・SNS	①	●メルマガ・SNSを活用しているか？ ●SNSは何を活用しているか？
		②	●どのくらいの頻度で発信しているか？ ●内容，目的，期待できる効果は何か？ ●実際にどのような効果が出ているか？

12.6

営業・販売活動④ 営業管理

●営業管理の分析内容①

「顧客別収益管理」は，顧客別の売上を継続的に管理しているかを確認し，経営や営業活動に活かしているかを評価します。

「商品別収益管理」は，顧客別と同様に，商品別の売上を継続的に管理しているかを確認し，経営や事業活動に活かしているかを評価します。

「新規顧客管理」は，新規顧客開拓営業の進捗状況の管理状況の評価です。1度訪問した見込み客を放置されるケースが多く，確実に顧客にするために継続フォローするしくみがあることが重要です。

「価格管理」は，「価格表（見込生産)」と「見積（受注生産)」の2点について評価します。

「価格表」は見込生産で使用するものです。業務を効率化するために必要なため，価格表が作成されているか，その価格が適切な原価が算出された，十分な利益率を獲得できる値付けになっているかを確認します。

「見積り」は，受注生産などで，見積金額算出方法が明確かどうかを確認します。必要な原価要素が適切な値で含まれているか，粗利率の基準があるのかについて確認します。

「営業マン管理」は3つの項目で評価します。まずは「情報収集・報告」では，各営業マンが，新規顧客や既存顧客から必要な情報を収集し共有できているか，その情報を活用できているかを確認します。

次に「訪問管理」です。営業マンは訪問管理をしないと外出しなくなる傾向にあります。そのため，個人の意識に任せるのではなく，営業全体が高頻度で訪問するようになるには，スケジュール管理を行い，新規顧客と既存顧客の双方で訪問できるしくみを構築することです。

最後に「営業会議」です。営業会議の役割は，まずは顧客情報や対応状

況などを部門全体で共有して他の顧客の参考にすること，そして個々の顧客への対応方法について吟味し，即行動が取れるようにすることです。

▶営業・販売活動④：営業管理の評価項目

1	顧客別収益管理	①	●顧客別の売上を年度別・月別に管理しているか？ ●手書きではなく，エクセルや販売管理システム等でデータ化されているか？
		②	●顧客別の売上状況を把握し，経営に役立てているか？
		③	●事業計画策定時に，顧客別売上の見込みを作成し，参考にしているか？
2	商品別収益管理	①	●商品別の売上を年度別・月別に管理しているか？ ●手書きではなく，エクセルや販売管理システム等でデータ化されているか？
		②	●商品別の売上状況を把握し，経営に役立てているか？
		③	●事業計画策定時に，商品別売上の見込みを作成し，参考にしているか？
3	新規顧客管理	①	●新規顧客の進捗情報を管理しているか？ ●いつ，誰に訪問して，どのような状況かを管理（見える化）しているか？
		②	●管理した新規顧客進捗状況を踏まえて，受注に向けてフォローしているか？
4	価格管理①：価格表（見込生産）	①	●価格表はあるか？
		②	●商品別に単価・原価・粗利率が算出されているか？ ●各商品の値付け（粗利率）は妥当で，低利益率・赤字の商品はないか？
		③	●原価は，材料費以外の経費（労務費・外注費・経費）が含まれ，適切に算出されているか？
5	価格管理②：見積り（受注生産）	①	●既定の見積金額算出方法（計算式）はあるか？ ●粗利率の基準はあるか？
		②	●現在の計算式で十分な利益（粗利率）が確保できているか？
		③	●顧客別に見積金額を算出して高利益率獲得を図っているか？ ●安売りしている等がないか？
		④	●仕様変更等が発生した場合，追加分を請求できているか？
6	営業マン管理①：情報収集・報告	①	●各営業マンが，新規顧客と既存顧客，各々について必要な情報を収集しているか？ ●それらの情報を管理できているか？
		②	●日報・週報等で，管理者に顧客情報や対応結果を報告しているか？
		③	●報告に対して管理者はタイムリーに指示やアドバイス等を実施しているか？
7	営業マン管理②：訪問管理	①	●営業マンのスケジュール管理（誰が，いつ・何時に，どの顧客を訪問するかの管理）を行っているか？ ●新規開拓・既存フォローの営業が行われているか？
8	営業マン管理③：営業会議	①	●営業会議を開催しているか？ ●どの程度の頻度で行っているか？
		②	●営業マン全員が，各々の顧客情報や対応結果を共有しているか？
		③	●他の営業マンの成功事例や失敗事例を個々の活動に活かすしくみがあるか？ ●営業会議で改善策等を構築し，すぐに行動が取れているか？

12.7

営業・販売活動⑤　差別化要因（４P他）

●差別化要因（４P他）の分析内容

　このフレームでは差別化要因（強み）を４P等の切り口で整理します。

　「商品・サービス」では，機能面と情緒面の双方で，強み・弱みがないかを分析します。また，長く顧客から受け入れられている定番商品の有無，その理由も重要な評価ポイントです。

　「価格」は，仕入価格（より良いものが安価に仕入れられるか），販売価格（適切な価格・ブランド価格で販売できているか），取引条件（売掛サイトが短いか）などの評価です。

　「販路・流通」は，販売チャネル（多くの商社と取引関係があるか，商圏が広がっているか），仕入ルート（良いものが入手できるか），取引先（より多くの重要顧客と直接取引できているか），立地（ターゲット顧客がアクセスしやすい場所か）の評価です。

　「プロモーション」は，前述の「営業手法」「営業・販促ツール，ネットメディア」の内容を踏まえて，営業力・販促力の強み・弱みを整理します。新規顧客の初回問合せが最も多い手法，あるいは顧客獲得に最も貢献している手法を確認すれば，プロモーションの効果が判断できます。

　「ブランド力」は，業界やターゲット顧客に会社・商品の知名度があり，価値が浸透しているかを評価します。ブランド力が高いほど，新規顧客の獲得，高値での取引，既存顧客のリピート化がしやすくなります。

　「顧客との関係性」は，既存顧客との関係性を評価します。信頼関係が強いほど，その顧客から継続的に，より多くの注文を獲得できます。中小・零細企業同士では，取引が信頼関係で維持されているケースが多いのですが，大手企業との取引の場合，相当に高い技術を要するものなど差別化された製品でなければ，上層部の方針で取引先が一気に切り替わることがあ

るため，比較的関係性構築は難しいといえます。

▶商品の強み・弱みの種類とその内容

機能面	●商品自体の機能・品質・使い勝手・技術・素材・ラインナップ等
情緒面	●デザイン・色・フォルム・模様など，それがなくても機能に影響しないもの

▶営業・販売活動⑤：差別化要因（4P他）の評価項目

1	商品・サービス （Product）	①	●メイン商品は何で，差別化された強み（機能面・情緒面）は何か？ ●その強みは，顧客のニーズに適合し，競合他社より優れているか？ ●当社の強みは顧客に浸透し，その強みで顧客に選ばれているか？ ●社長や従業員は，当社の強み・価値を認識しているか？
		②	●長年愛されている定番商品があり，リピーターをつかんでいるか？ ●その商品はなぜ定番商品になれたのか？
		③	●定期的に新商品を販売し，リピーターを囲い込めているか？
2	価格 （Price）	①	●価格戦略は何か？
		②	●「市場価格」「特定の競合他社」「原価」の中で値付けの基準は何か？
		③	●高価格帯・中価格帯・低価格帯が，戦略的に分類されているか？
3	販路・流通 （Place）	①	●チャネル戦略は何か？
		②	●販売チャネル・仕入ルート・取引先・立地等の強み・弱みは何か？
4	プロモーション （Promotion）	①	●プロモーション戦略は何か？
		②	●紙媒体のツール，ネット，SNSは何を活用しているか？ ●それらで新規顧客を取り込み，来店客のリピート化を促進できているか？
		③	●宅配・ネット販売等により，商圏を拡大する施策を実施しているか？
5	ブランド力	①	●会社や商品のブランド力（知名度）はあるか？ ●競合他社と比べて当社のブランド力（知名度）はどうか？
		②	●業界，ターゲット顧客に認知されているか（知名度はあるか）？ ●どのように認知されているか？
		③	●当社の価値を向上・浸透させるために何をしているか？
6	顧客との関係性	①	●既存顧客，特に売上上位の顧客とどの程度，信頼関係があるか？
		②	●顧客との関係性は属人的（社長や営業マンに依存）になっていないか？
		③	●得意先との関係性の度合いはどの程度か？ ●「すべて当社のみに注文」「部分的に当社のみに注文」「他社と分担」「引合いがきて競争入札」など

┌─┬─┬─┬─┬─┬─┐
│C│O│L│U│M│N│
└─┴─┴─┴─┴─┴─┘

事例12　非鉄金属リサイクル

売上高	5億円	借入金	1億5,000万円
社員数	13名	社長	40代男性

　銅のリサイクル業者の事例です。銅リサイクルのフローは，自宅やビルといった建物等の取り壊し現場などから出た電線を産廃業者や金属問屋が買い取り，鉄などの金属と，銅などの非鉄金属に分け，その中から同社が銅線を購入します。そしてさらに同社が，被膜を剥がし，銅線を米粒状のナゲットに加工した上で，材料商社に販売します。

　当業界のビジネスモデルの特徴は，①仕入先と販売先の双方の確保が必要で，双方で価格競争が発生すること，②商品の差別化が難しいこと，の2点です。そのため，中小企業の基本戦略である「差別化集中戦略」が困難であり，高い利益率は期待できません。そのため，この業界で勝ち抜くためには，価格と営業力の勝負になります。つまり，徹底した低コスト体制を確立し，個別に営業を行ってより多くの仕入先と販売先を確保することです。

　同社の問題点は，日々の営業を行っておらず，仕入先と販売先の数が不十分で，仕入や販売が安定しないことです。また，本ビジネスでは銅線の仕入価格を迅速に見積もるしくみが重要ですが，そのしくみが構築できていません。しくみとは，仕入材料の銅線から，どの程度の銅が見込まれるかを見極め，即原価を算出して見積金額を提示するという一連の流れを迅速に行うことです。同社は，銅線の量を見極めるスキルを持った社員はいますが，それを即見積金額に反映させるしくみがなかったのです。

　改善策は，仕入先については，商圏範囲内のすべての仕入先に対して網羅的に営業活動を行い，より多くの仕入先を確保することです。販売先についても商圏を広げて新規開拓することが必要です。そしてもう1つ，迅速に見積価格を算出するしくみを構築することです。見積算出は複雑ですが，エクセルでの構築が可能です。

第13章 内部環境分析

(3) 製造活動

13.1

製造活動① 製造体制

　本章では，主に製造業に関する評価について説明します。なお，ファブレス（製造のための自社工場を持たない製造業）の場合，多くの項目が対象外となるため，該当する項目のみを対象に評価してください。

●製造体制の分析内容

　「製造の組織体制・業務内容」は，まずは製造部門の組織図を作成します。そして，製造部門では各部門で役割が分かれているケースが多いため，各部門の業務内容を明確にします。また，社長が製造部門に関わっている場合，どのように関わっているかも確認します。中小・零細企業の場合，社長の技術力・開発力によって製品が生み出されているケースがあります。それらの技術が組織的に展開されておらず，社長個人の属人的なスキルによるものであれば，事業の継続性としては問題といえます。

　「会議体」では，製造部門で実施している会議のほか，打ち合わせや朝礼などについても確認します。製造部門では，5S・品質向上・業務改善・クレーム対応・在庫調整・需給調整・新製品開発など，さまざまな会議が考えられます。この中で，どの会議が必要で，何の会議を実施し，その会議は効果的に運営されているのか，形骸化していないかを確認します。

　例えば，品質に関するクレームが多いのに，その場しのぎの対応しか実施されていない場合があります。本来であれば同じ問題を繰り返さないために，原因究明と対策の会議は重要といえます。

　また，5Sについては，5S活動を全社で取り組む企業は整理整頓や清掃が徹底されています。このような会社は，品質も高く，納期も徹底されているケースが多いといえます。さらに，社員の姿勢や自立性も促進されており，生産性向上への取り組みも積極的です。そのため，5Sの取り組み状況は，製造業の現場の環境を評価する重要な要素といえます。

　その他，次項で説明する見込生産の場合，無駄な在庫の発生を防ぎつつ，販売機会を逃さないための一定在庫をキープするには，生産計画の精度を高める必要があり，そのための受給会議が必要です。需給の調整は，通常は工場スタッフだけでなく営業部のスタッフも参加して実施するものです。

　さらに新商品開発は，会社によってその手法はさまざまですが，顧客ニーズをベースに行うことが重要です。そのため，営業を巻き込み，製造・開発部門と連携して会議を実施することが重要です。もし製造・開発部門のみで企画・開発を実施している場合，シーズ志向（製造側の技術を主体として商品を生み出す方式で，顧客ニーズと乖離する恐れがある）に陥っていないかの確認が必要です。

▶製造活動①　製造体制の評価項目

1	製造の組織体制・業務内容	①	●製造部門の組織図の整理
		②	●各部門の業務内容とその特徴の整理
		③	●製造部門の管理者はいるか？ ●管理者として部門を管理・指導できているか？
		④	●社長は製造にどのように，どの程度関わっているか？
2	会議体	①	●5S・品質向上・業務改善・クレーム対応・在庫調整・受給調整・新製品開発など，どの会議，打ち合わせを実施しているか？ ●当社にとって必要な会議や打ち合わせは何で，それを実施しているか？
		②	●会議，打ち合わせはタイムリーに実施できているか？ ●それらは有効に機能し，形骸化していないか？
		③	●朝礼を行い，日々の業務報告等をスタッフに共有できているか？

13.2

生産形態の種類

●さまざまな生産形態で，ポイントは「受注生産」と「見込生産」

　生産形態は，受注生産や見込生産のほか，個別生産・ロット生産・連続生産などさまざまな形態があり，製造業未経験者にはわかりにくいものです。ただし，中小・零細企業の事業性評価を行う場合，受注生産と見込生産の２種類のポイントを押さえるだけで十分ですので，その内容とメリット・デメリットを押さえ，理解した上で分析・評価を実施してください。

●「受注生産」と「見込生産」の内容とメリット・デメリット

　「受注生産」とは，顧客からの受注を受けてから生産して出荷する方法で，主に一品ものや特注品，専用品の生産形態です。メリットは，余剰在庫が不要，顧客に合わせたオンリーワンで差別化された製品の製造が可能，競争が少なく高い利益率を獲得しやすい，売り損なうリスクが少ないなどです。一方でデメリットは，出荷までに時間を要し，想定より時間とコストがかかる場合がある，見込生産より手作業が増えて労務費の増大を招く，原価計算が難しく値付けで赤字になる恐れがあるなどです。受注生産を行っている企業では，このデメリットが発生していないかを確認することが評価の重要なポイントです。

　「見込生産」とは，あらかじめ見込みで生産し，顧客から注文が入ってから出荷する方法で，主に汎用品の生産形態です。メリットは，機械化しやすく，低コストで効率的に大量生産が可能，在庫対応により短納期で出荷が可能なことです。一方でデメリットは，余剰在庫のリスクがある，需要予測が難しいことなどです。なお，大量生産における生産性向上および低コスト体制は，大量仕入による仕入値削減，機械化・システム化による効率化によって実現されるため，大企業や海外企業が圧倒的に有利であるといえます。

▶生産形態の種類（受注生産と見込生産）とその特徴

受注生産	フロー	受注 → 設計 → 調達 → 生産 → 納品
	説明	● 顧客からの注文を受けてから生産して出荷する方法 ● 主に一品ものや特注品，専用品の生産形態 【メリット】 ● 製品や部品・原材料の余剰在庫が不要 ● 顧客に合わせたオンリーワンで差別化された製品製造が可能 ● 競争が少なく高い利益率を獲得しやすい ● 売り損なうリスクが少ない 【デメリット】 ● 出荷までに時間を要する ● 生産途中の仕様変更で想定より時間とコストがかかる場合がある ● 見積金額と実際金額の差異が生じやすく，精密な見積り，振り返りによる差異分析のしくみ，仕様変更等への適切な対応がなければ収益悪化の恐れがある
見込生産	フロー	需要予測 → 生産計画 → 生産 → 販売
	説明	● あらかじめ見込みで生産し，顧客から注文が入ってから出荷する方法。主に汎用品の生産形態 【メリット】 ● 機械化しやすく，低コストで効率的に大量生産が可能 ● 在庫対応で短納期で出荷が可能なこと 【デメリット】 ● 大量生産で低価競争となり，最新設備やシステム化が不十分で生産コストが高くなる中小企業は，競争力が乏しくなる傾向がある ● 材料・部品，製品の余剰在庫のリスクがある ● 需要予測と生産計画の精度が求められ，一定の在庫が必要

13.3

製造活動②　生産形態

●生産形態の分析内容

　「受注生産」では，前述のメリット・デメリットを踏まえて4項目で評価を行います。

　1つめの「見積金額の精度」では，見積算出式の精度が高いか，そして十分な利益率が確保されているかがポイントになります。見積算出式が決まっていても，必要な原価が含まれていない，あるいは算出式自体に問題がある場合は想定した利益を確保できません。例えば，手作業が多く多額の労務費がかかっている製品で原価に材料費しか含まれていない，また，労務費の計上が著しく不十分である場合は，高利益率は望めません。

　2つめの「納期」は，納期の精度が高いか，遅延が発生していないか，そして納期の見積りと実績の差異分析をして改善するしくみがあるかがポイントです。生産リードタイムが見積り以上にかかるということは，労務費や経費（機材や車両の賃借料など）といった原価がアップするということであるため，納期内に製造することは非常に重要です。

　3つめの「内部情報伝達」は，設計データが迅速かつ正確に製造部門に伝わっているかがポイントで，ここに問題があると，繰り返しの情報確認や作り直し，生産リードタイムの長期化を招きます。問題の主な要因は，製造指示書フォーマットの不備や，情報収集者のスキル不足等です。

　4つめの「外注管理」は，品質が高く，納期遅延のない外注先を確保しているかどうかです。製造の質とスピードを維持するためには，信頼性の高い外注先を確保できていることが重要な要素です。また，内製と外注の見極めができているかも重要で，外注すると外注先の利益がコストに乗ってコストが高くつくため，社内の従業員の手待ちが発生しなければ，可能な限り自社で製造することが望ましいといえます。

　続いて「見込生産」は，前述のメリット・デメリットを踏まえ，需要予測の精度が高いかどうか，在庫量は適切か，飛び込み受注の対応ができているかなどについて評価します。ただし，実際には需要予測の精度を上げることが難しい製品もあるため，そこも勘案して評価します。

▶製造活動②　生産形態の評価項目

1	生産形態	①	●「受注生産」か，「見込生産」か
2	受注生産① 見積金額の精度	①	●原価は正確にタイムリーに算出されているか？ ●材料費以外の経費（労務費・外注費・経費）が含まれているか？ ●手作業が多い，外注費・経費が多くかかっている等にもかかわらず，労務費・外注費・経費が含まれていない，あるいは不十分，などの不備はないか？
		②	●見積金額と実際金額との乖離が大きくなっていないか？ ●見積金額と実際金額との差異分析を行い，改善するしくみがあるか？
3	受注生産② 納期	①	●納期（生産リードタイム）の見積精度は高いか？
		②	●納期遅延に対する改善のしくみがあるか？ ●見積期間と実績期間の差異分析（振り返り）を実施しているか？
4	受注生産③ 内部情報伝達	①	●設計データを顧客から迅速かつ正確に入手できているか？
		②	●設計データを必要部門へ正確に伝達しているか？ ●製造指示書等のフォーマットで，個別の詳細の情報まで正確に伝達できているか？　不備がないか？ ●情報不備により，繰り返しの情報確認や作り直しが発生していないか？
5	受注生産④ 外注管理	①	●信頼のおける外注先を確保，管理ができているか？ ●外注先の品質やスピードに問題はないか？
		②	●内製と外注の見極めは妥当か？ ●内製できる業務を外注していないか？
6	見込生産	①	●需要予測・生産計画を立てているか？ ●過去実績，見込み情報，在庫等を踏まえているか？ ●受給会議で直近の需要予測，生産計画を修正しているか？
		②	●受容予測・生産計画の精度は高いか？ ●生産計画と実績に大きな乖離が起きていないか？ ●生産計画と実績の乖離の改善を行っているか？
		③	●飛び込み受注の対応など，柔軟な生産の取り組みができているか？

13.4

製造フロー表と作業レベル評価表

●固定費と限界利益の論点

　7.4の固定費と限界利益の論点の中で，限られた固定費の活用機会を増やし，限界利益への貢献度を増やすことが重要であることを説明しました。具体的には，設備と人の稼働率向上とボトルネック解消により，設備と人の「空き」を解消することです。

　なお，中小・零細企業の製造業の多くは労働集約型で，設備フル稼働による大量生産を行う企業は限られます。そのため実際に稼働率とボトルネックで問題になるのは，設備よりも「人」です。例えば，1人の社員が特定の作業を抱え込むことで業務が停滞し，他の作業員の手待ちが起こる，また1つの作業しかできない作業員が，その作業が空いた時に手待ちが起こる，などが挙げられます。

●「製造フロー表」と「作業レベル評価表」で稼働率とボトルネックの確認

　設備と人材の稼働率とボトルネックの確認のため，右表上段の「製造フロー表」と下段の「作業レベル評価表」を作成することをお勧めします。

　「製造フロー表」は，製造全体の工程と作業状況を整理したもので，各作業で使用する設備名と稼働率，および性能を明記し，各設備の稼働率状況を確認します。また，各作業のスキル保有人数を明記し，ボトルネックになる可能性のある作業を割り出します。右表の場合，「1　材料の混合」と「9　焼き，水打ち」の作業可能人数が1名のため，これらがボトルネックになっている可能性があります。

　「作業レベル評価表」は，製造部門の各作業について，「◎高いスキル保有」「○作業可」「△不十分」「×不可」の4段階で評価します。これにより，人材のマルチタスク化の状況を評価することができ，さらに各人材のスキ

ルについて詳細に確認することができるため，今後の人材育成にも活用できます。

▶製造フロー表（例：麩の製造）

順番	工程	作業	設備	稼働率	設備性能	スキル保有人数 (人)	備考
1	仕込み	材料の混合	—			1	ロットで材料の品質が異なり配合に一定の経験が必要。育成体制なく作業者1名のみ
2		材料の計量	—			5	
3		生地練り込み	—			5	
4		熟成	—			—	
5		切断	切断機	30%	問題なし	5	
6		生地の細工	—			4	空気や水の量で品質が変わり，一定の経験が必要
7		伸ばし，切断	ローラー	20%	問題なし	5	
8		給水	—			5	
9	焼成	焼き，水打ち	窯	80%	低い	1	窯が古く，水の量と水打ちのタイミングに一定の経験が必要。育成体制なく作業者1名のみ
10		自然乾燥	—			5	

▶作業レベル評価表（例：部品加工）

	氏名	部門	雇用形態	性別	役職	年齢 (歳)	勤続年数 (年)	前工程 作業A	前工程 作業B	前工程 作業C	後工程 作業D	後工程 作業E
1	伊藤四郎	製造部1課	正社員	男	工場長	58	26	◎	○	○	○	○
2	IN		正社員	男	課長	37	7	○	○	○	○	○
3	KS		正社員	男		22	1	×	△	△	○	○
4	KO		パート	男		19	0	×	×	△	○	○
5	SO	製造部2課	正社員	男		65	32	×	×	×	○	○
6	TN		パート	女		67	28	×	×	×	○	○
7	KM		パート	女		56	17	×	×	×	○	○
8	NT		パート	女		21	1	×	×	×	○	○

作業レベル：◎高いスキル保有，○作業可，△不十分，×不可

13.5

製造活動③　製造工程と設備，人材スキル

●製造工程と設備，人材スキルの分析内容

　「人材スキル」では，まずは会社にとって重要なスキルは何なのか，なぜ重要なのか，何人中何人がそのスキルを保有しているかを確認します。また，OJT体制があり，技術の承継や社員のマルチタスク化が進んでいるか，スキル不足や限られた業務しかできない社員がいないか，それにより生産性低下などが起きていないか，業務を囲い込む人材の存在でボトルネックや手待ちなどが発生していないか，各部門で年齢やスキルのバランスは妥当か，などを評価します。

　「製造工程」では，製造工程や作業手順のしくみが構築できているか，属人的になっていないかを確認します。また，管理者の管理状況の確認ですが，ここでいう「管理」とは，製造スタッフの作業品質やスピードの改善，作業見直し，最適なシフトなどによって，各工程の生産性を向上させることです。その他，ボトルネックや属人化，限られた社員のみ実施可能の作業はないか，高い技術やこだわり等の強みとなる工程・作業は何で，製品にどのように活かされているかなどを分析します。

　「スケジュール管理・配置管理」は，まずは製品別の各工程で必要な人数と時間を把握できているか，適切なシフトができているかを確認します。また，必要な時に必要なだけ従事する変動費扱いが基本のパート作業員の勤務時間が，繁忙期と閑散期で調整できているか，固定化されて手待ちや無駄なコストが発生していないか，さらに正社員とパート間で作業内容に差があって不公平感が生じていないか等も確認します。

　「設備」では，必要な設備，台数が揃っているか，設備の不備でボトルネックが起きていないか，設備の性能は十分か，そして設備の老朽化で故障が頻発していないか等を確認します。

▶製造活動③　製造工程と設備，人材スキルの評価項目

1	人材スキル	①	●重要なスキルは何で，なぜ会社にとって重要なのか？ ●そのスキルを保有している人数は十分か？
		②	●OJTの体制があり，技術の承継やマルチタスク化は進んでいるか？ ●スキル不足，限られた業務しかできない社員により，作業スピードや品質の問題や生産性低下が起きていないか？ ●管理者が，製造スタッフを管理・指導しており，各社員・各工程の生産性向上（質・スピード改善）を図っているか？
		③	●各部門の社員の年齢・スキルのバランスは妥当か？ ●高齢者のみで承継者がいない，若者のみで教育者がいない等により，問題が起きていないか？
2	製造工程	①	●製造工程・作業手順が効率的にしくみ化されているか？ ●工程に不備（属人的，作業可能な人材が限定，無駄な作業等）はないか？ ●ボトルネックや手待ちが起きている工程はないか？
		②	●機械化・システム化（IT化）できる工程はないか？ ●機械・システム未導入により生産性が低下している工程はないか？
		③	●高い技術やこだわり等の強みとなる工程・作業はあるか？ ●それがどのように製品に活かされているか？
3	スケジュール管理・配置管理	①	●各工程で製品別に必要な人数と製造時間を把握できているか？
		②	●シフトや配置転換により適正人数で製造できているか？
		③	●パート社員を，繁忙期と閑散期で業務時間を調整できているか？ ●パートの勤務時間が繁忙期と閑散期にかかわらず固定化され，繁忙期の残業代，閑散期の手待ちでコスト高になっていないか？
		④	●正社員とパートの間で作業内容・作業時間に差があるか？ ●作業内容と作業時間の差で不公平感が生じていないか？
4	設　備	①	●製造に必要な設備，台数が揃っているか？ ●設備の不足により生産性が低下していないか？
		②	●各設備の性能（品質・スピード）に問題がないか？ ●老朽化で故障が頻発する機械，交換が必要な機械はないか？ ●新たな機械を購入する資金はどの程度で，その資金力はあるか？

13.6

製造活動④ 製造管理体制と５Ｓ

●製造管理体制と５Ｓの分析内容

「原価管理」は、適切な原価管理が実施され、試算表・決算書に必要な原価の要素（材料費・労務費・外注費・経費）が計上されているかを確認します。また、商品別に原価が算出され、その商品別の原価にも必要な原価の要素を含めて算出しているかも確認します。

「生産管理」は、生産計画を立てているか、計画通りのスケジュールで作業が行えているか、パートの時間管理ができているか、作業スタッフの指導や改善が行われているか、などについて確認します。

「品質管理・ロス管理」は、まずは顧客が満足する品質の製品を製造する体制が取れているか、具体的には品質を向上、維持するためにどのような取り組みを実施し、その取り組みは効果があるものかを確認します。また、各製品の不良率を把握しているか、不良率はどの程度か、不良の原因を追究して改善する取り組みができているかを分析します。さらに、クレームの原因を追究して対策を打つしくみがあるか、それらの履歴を管理しているかについても確認します。

「在庫管理」は、原材料（部品）・仕掛品・完成品について、各々の在庫管理ができているか、各在庫の安全在庫の基準があるかを確認します。また、在庫置き場に各在庫のスペースが決まっていて在庫数も確認できるか、それがシステム上でも確認が取れるよう、実棚とシステム上の数が一致しているか、また、不良在庫がどの程度存在するかなども確認します。

「５Ｓ」は、各工程で５Ｓを実施しているか、会社単位で５Ｓに取り組んでいるかを評価します。前述のとおり、全社的に５Ｓ活動に取り組むと、整理整頓だけでなく、品質向上や生産性向上、その他社員の取り組み姿勢や自立性も促進させることが多いといえます。

▶ 5Sとその内容

整理	不要なものを捨てること
整頓	使いやすく並べて表示をすること
清掃	きれいに掃除をしながら，あわせて点検すること
清潔	きれいな状態を維持すること
躾	きれいに使うように習慣づけること

▶ 製造活動④ 製造管理体制と5Sの評価項目

1	原価管理	①	●原価管理は実施されているか？ ●試算表・決算書に，必要な原価の要素（材料費・労務費・外注費・経費）が計上されているか？
		②	●商品別に原価が算出されているか？ ●その原価には，材料費以外に，労務費・外注費・経費が含まれているか？
2	生産管理	①	●日々の生産計画を立てて生産を行っているか？
		②	●計画通りのスケジュールで作業が行われているか？
		③	●正社員やパートの時間管理，シフト管理ができているか？
		④	●作業スタッフの指導・改善が行われているか？
3	品質管理・ロス管理	①	●顧客が満足する品質の製品を維持する技術・体制が取れているか？ ●品質を向上，維持するためにどのような取り組みが行われているか？
		②	●各製品の不良率（数）を管理しているか？ ●不良率はどの程度か？ ●不良の原因を追究して改善する取り組みができているか？
		③	●クレーム時は迅速かつ適切に対応できているか？ ●クレームの原因を究明して対策を打つしくみがあるか？ 履歴があるか？
4	在庫管理	①	●原材料（部品）・仕掛品・完成品について，各々の在庫管理ができているか？ ●原材料・完成品の安全在庫の基準があり，適正量を維持しているか？
		②	●在庫置場に，各製品・材料等がどこに置かれ，現在何個残っているかが誰でも把握できるよう「整理」され「見える化」されているか？
		③	●在庫置場の在庫がシステム上で確認できるか？ ●定期的な実棚や自動化等で，システム上と現場の数が一致するしくみができているか？
		④	●現在の在庫に不良在庫はどの程度存在し，それがなぜ不良在庫化したか？ ●不良在庫削減のためにどのような取り組みを実施しているか？ ●その取り組みでどの程度不良率は削減できているか？
5	5S	①	●各工程・各部門で5Sが実施されているか？
		②	●会社として5Sに積極的に取り組んでいるか？

┌─────────────┐
│ C O L U M N │
└─────────────┘

事例13　楽器製造販売

売上高	1億4,000万円	借入金	5,000万円
社員数	15名	社長	40代男性

　ギターのほか，付属品，メンテナンス用品，関連用品を製造販売する会社の事例です。ギター本体は，①既製品，②セミカスタム品，③フルカスタム品の大きく3つに分類されます。同社の特徴は，高い技術を持った職人が一品ごと丁寧に製造，調整を行うため，製品の品質・耐久性が高いことがあげられます。音やデザイン，操作性へのこだわりも強く，一定のファンに支持されています。しかし，カスタム品の製造で，オーダーシートの記入ミスなどによる製造ミスが頻発し，必要以上に時間と労力，そしてコストがかかってしまい，黒字経営は続いていたものの，製造に時間がかかるため売上が頭打ちになっていました。そこで同社は，フルカスタム品とセミカスタム品の製造をやめ，既製品のみに集中する「選択と集中」の戦略を取りました。しかしこれにより，同社のコアな顧客が離れてしまい，さらに，ギター市場の低迷により楽器店向けの既製品も売れなくなって多大な在庫が残り，業績は赤字に陥ってしまいました。

　これは完全な戦略ミスです。同社の強みは職人のこだわりの製品であるため，高付加価値モデルとして単価を上げ，ブランド力向上を図る戦略を取るべきです。しかし同社は自社の強みを放棄し，有名海外メーカーの量産品と同じ土俵のレッドオーシャンで勝負することを選択してしまいました。

　改善策は，もとのフルカスタム品，セミカスタム品を復活させることです。そして製造ミスが起きない受注生産の体制を構築し，受注生産と見込生産を切り離して工程を構築します。ただし，同社は小さな会社であるため，両方の生産を同じ人材で行うしかありません。そのため，見込生産と受注生産を，日単位や週単位に分けて生産計画を立て，運営する体制を構築するのです。

第14章 内部環境分析

⑷ 店舗活動（小売業・飲食業・サービス業）

14.1

店舗活動①　コンセプトと基本事項

　本章は，小売店・飲食店・サービス業についての分析です。複数の業種ですが，いずれも店舗系ビジネスであるため共通点が多く，1つにまとめています。しかし，各業種の個別の項目や質問も含まれているため，該当しないものは評価する必要はありません。

●**コンセプトと基本事項の分析内容**

　「コンセプトと基本事項」のフレームでは，店舗活動のベースとなる情報を整理します。

　「屋号」は，店舗名と，屋号の意味，そして知名度について確認します。屋号はブランディングの重要要素であるため，基本的には覚えやすい，読みやすい内容が好ましいといえます。

　「店舗のコンセプト」は，まずは主な商品・サービスを確認し，コンセプトである「この店舗に来店した人にどう思ってもらいたいか，どう感じてもらいたいか」について社長や店長の考えを確認します。そしてコンセプトと商品・サービス，ターゲット顧客にズレはないか，またコンセプトが実際の顧客に正確に伝わっているか，どの程度伝わっているかについて掘り下げていきます。

　「メイン顧客」は，メイン顧客（実際に来店数の多い顧客層）は誰で，来店目的は何かを確認し，ターゲット顧客（当社が狙っている顧客層）にズレがないかを分析します。また，メイン顧客がどの曜日・時間帯に来店するのか，どうやって来店するのか（徒歩や自転車，車やバスなど），さらに，リピーターは顧客全体の何割程度いるかも確認します。

　「店舗面積・収容人数」は，店舗面積および収容人数を確認し，店舗の混雑具合を曜日・時間帯別で分析します。

　「営業時間・定休日」は，営業時間と定休日を確認し，その営業時間が

ターゲット顧客に適合しているかも評価します。

　「駐車場台数」は，駐車可能な台数と，来店人数に適合しているか，駐車場は見つけやすく駐車しやすいかを確認します。

▶店舗活動①　コンセプトと基本事項の評価項目

1	屋　　号	①	●屋号は何か？
		②	●屋号の意味は何か？ ●屋号の知名度はあるか？
2	コンセプト	①	●主な商品・サービスは何か？
		②	●店舗のコンセプト（来店した人に，どう思ってもらいたいか，どう感じてもらいたいか）は何か？
		②	●コンセプトが実際の顧客にどの程度正確に伝わっているか？ ●コンセプトと実態にズレはないか？
3	メイン顧客	①	●メイン顧客（実際に来店の多い顧客層）は誰か？ （例：性別，年齢層，1人または団体，社会人・学生，など）
		②	●メイン顧客の来店目的は何か？ ●目的買い・衝動買い，どちらの顧客が多いか？
		②	●メイン顧客と，当社が狙っているターゲット顧客にズレはないか？ ●なぜズレが起きているのか？
		③	●メイン顧客はどの曜日・時間帯に来店が多いか？ ●メイン顧客の来店方法は何か？（徒歩，自転車，車，バス，電車など）
		④	●リピーターは，顧客全体の何割程度で，何人くらいいるか？
4	店舗面積・収容人数	①	●店舗面積（m²），収容人数（人）
		②	●店舗の混み具合はどの程度で，曜日・時間帯別ではどうか？
5	営業時間・定休日	①	●営業時間，定休日
		②	●その営業時間は，ターゲット顧客に適合しているか？
6	駐車場台数	①	●駐車場台数
		②	●この駐車場台数は，来店人数に適合しているか？ ●駐車場は，見つけやすく，駐車しやすいか？

14.2

店舗活動②　外装・内装と店舗イメージ

●外装・内装と店舗イメージの分析内容

　「外装・内装と店舗イメージ」のフレームでは，外装と内装について，写真を掲載して評価を行います。基本的には「見た目」で特徴があるか，整理・整頓・清掃されているかが評価ポイントです。

　「外観」は，外観の印象について，独特の雰囲気や世界観があるかを評価します。ただし外観自体で特徴を出すのはコストがかかるため，装飾レベルでのチェックがメインとなります。その他，外観がきれいに整備されているか，整理・整頓・清掃されているかを確認します。

　「内観」では，各々の現場で評価を行います。

　まず「全体」では，店舗全体の雰囲気がコンセプトに適合しているかを評価します。また，居心地の良い雰囲気か，インテリアなどがターゲット顧客とその来店目的に適合してるかを評価します。その他，席の数や配置などが適切かどうかもあわせて確認します。

　「各コーナー」では，顧客が使用したり，通ったりする各々のコーナーについて，何か特徴があるか，整理・整頓・清掃されているかを確認します。例えば，サービス業での待合室，小売店内に飲食や休憩スペースなどがある店舗では，それらの雰囲気について確認します。

　「通路」では，通路は整理・整頓・清掃されているか，顧客が通りやすいよう十分な幅があるかを確認します。例えば，スーパーなどではたまに仕入時の段ボールなどが放置されている場合があるため，そのような状況になっていないか確かめます。

　「トイレ」では，トイレが整理・整頓・清掃され，清潔さが保たれているか，定期的に清掃するしくみがあるかを確認します。清掃の実施有無をチェックする用紙がトイレに張り出されていると，定期的に清掃されてい

ることが顧客側からも確認できます。トイレは特に，臭いがしたり，予備のトイレットペーパーが乱雑に置かれていたりする店舗は，5Sの意識が低いと考えられます。

「そのほか」については，上記以外の内観で特徴的なものがあれば，それをピックアップして特徴を示し，そこは整理・整頓・清掃がされているかを確認します。

▶店舗活動②　外観・内観と店舗イメージの評価項目

1	外　観	①	●（外観の写真の掲載）
		②	●外観からどのような印象を受けるか？ ●独特の雰囲気・世界観があるか？
		③	●外観はきれいに整備され，整理・整頓・清掃されているか？
2	内観①： 全体	①	●（内観全体の写真の掲載）
		②	●店舗全体の雰囲気・居心地・世界観がコンセプトに適合しているか？ ●席の配置や数，インテリアは，顧客と来店目的に適合しているか？
3	内観②： 各コーナー	①	●（各コーナーの写真の掲載）
		②	●どのような特徴があるか？ ●各コーナーは整理・整頓・清掃されているか？
4	内観③： 通路	①	●（通路の写真の掲載）
		②	●通路は整理・整頓・清掃されているか？ ●顧客が通りやすいよう，十分な幅があるか？
5	内観④： トイレ	①	●（トイレの写真の掲載）
		②	●トイレは整理・整頓・清掃され，清潔さが保たれているか？ ●定期的に清掃するしくみができているか？
6	内観⑤： そのほか	①	●（そのほか内観の写真の掲載）
		②	●そのほか内観に特徴的なものはあるか？　どのような特徴か？ ●そのほか内観は整理・整頓・清掃されているか？

14.3

店舗活動③　顧客フロー

●顧客フローの分析内容

　「顧客フロー」とは，新規の顧客が，その店舗の存在を知ってから，購入決定し，入店して購入して（サービスを受けて），退出後にどのようなアフターケアがあるのかという，顧客の一連の動きを示すものです。そして本フレームで，そのフローの中で店舗のどこに，顧客にとっての価値が提供できていて，どこに問題があるのかを分析することができます。店舗活動では，顧客と接する時と，顧客と未接触の時のそれぞれで，顧客にどのような価値を提供できているかが重要な要素になるのです。

　まずは「認知・選択の決め手」は，新規顧客は何でその店舗を知り，何が決め手となって当店を選択したかを確認します。そしてそれらのターゲット顧客への訴求力がどの程度あるかを分析します。例えば，飲食店では「食べログ」などで，当社の魅力が伝わっているかを見定めます。

　「予約」は，電話で受け付ける場合は丁寧かつ適切な対応ができているか，自社ホームページでネット予約を受け付ける場合はストレスなく予約できるしくみがあるかをチェックします。

　「入店・案内」では，笑顔での出迎えや，新規顧客に対する適切な案内ができているか，待合室では顧客が心地よくなれる工夫がされているかを確認します。待合室での顧客の過ごし方で顧客の満足度は変わります。

　「サービス提供」は，まずはサービスの質が高いかが大きなポイントです。そして顧客の要望を丁寧に確認しているか，要望に合わせた価値を提供しているかを確認します。また，メニューやお品書きなどに，自社のこだわりやおススメなどが具体的に書かれており，読むだけで価値が伝わるかも確認します。さらに，顧客とのコミュニケーションが取れているか，その他顧客が心地よくなれる工夫があるかも評価します。

「見送り」は，店舗に見合った見送りができているかを確認します。

「アフターケア」では，お礼状や定期案内を出しているか，それがCSを向上させ，リピートにつながる内容になっているかを確認します。なお，定期案内は，競争の激しい場合に顧客を囲い込むのに有効です。またお礼状は，旅館などある程度単価が高く，訪問頻度の低い店舗で効果を発揮します。

▶店舗活動③　顧客フローの評価項目

1	フロー①： 認知・選択の決め手	①	●新規顧客は何を見聞きして当社を認知したか？
		②	●競合の中，何が「決め手（強み）」で当社を選択したか？ ●強み（差別化要因）を伝えられているか？ ●その決め手（強み）は，他社と比較して顧客に訴求力があるか？
2	フロー②： 予約	①	●電話での予約受付の場合，丁寧かつ適切な対応ができているか？
		②	●自社ホームページでネット予約を受け付ける場合，顧客にストレスなく予約できるしくみがあるか？
3	フロー③： 入店・案内	①	●到着した顧客を笑顔で出迎えているか？
		②	●新規顧客が迷わないように必要な説明などの対応ができているか？
		③	●待合室では顧客が心地よくなれる工夫をしているか？
4	フロー④： サービス提供	①	●サービスの質は高いか？ ●サービスの具体的強み・弱みは何か？ ●顧客の要望を丁寧に確認し，要望に合わせた価値を提供しているか？
		②	●飲食店やサービス業のメニュー，旅館のお品書きに，こだわりやおススメなど，顧客の満足度を向上させる内容が記載されているか？
		③	●顧客が心地よくなれる工夫（ホスピタリティ）をしているか？ ●サービス提供時に，顧客とのコミュニケーションが取れているか？
5	フロー⑤： 見送り	①	●玄関まで出て見送る，顧客が立ち去るまで見送るなど，その店舗に見合った見送りができているか？
6	フロー⑥： アフターケア	①	●お礼状や定期案内など，店舗外でCSを向上させる，リピートにつながる施策を実施しているか？ ●その取り組みでリピート率は向上しているか？

14.4

店舗活動④　店舗機能

●店舗機能の分析内容

　店舗の機能には，大きく「訴求機能」「誘導機能」「演出機能」「選択・購入促進機能」の４点があり，この４点について評価します。なお，一般的に店舗機能といえば５，６種類の機能がありますが，より評価がしやすいよう本書では４項目に再整理しています。

　「訴求機能」とは，店舗を目立たせる機能で，店舗が目立っているか，魅力が伝わるか，通行人に注目されるものになっているかを確認します。例えば外装デザインや看板，店頭POPです。14.2の「外装」と重複する部分もありますが，ここでは看板やPOPなど，個別の物品まで掘り下げて評価を行います。

　「誘導機能」は，店内へ顧客を誘導する機能で，店内への入りやすさです。例えば，店頭での演出，入り口の広さや位置，店内の状況の見えやすさです。具体的には，外から店内が見えないと，顧客は不安を感じて入店しにくくなります。また，入り口が小さいこと，店舗が地下や２階以上にあることでも，入店するために顧客にストレスを与えるため訴求力が下がり，新規顧客の入店率は下がる傾向にあります。

　「演出機能」は，商品を魅力的に演出する機能のことで，視覚的な演出や聴覚的な演出があります。例えば視覚的なものでいうと，内装のデザインや世界観といった店舗全体の演出から，陳列やオブジェ，色彩，照明などです。聴覚的にはBGMなどがあります。演出機能は，季節感を出すことも大切なので，季節に応じた取り組みをしているかも評価の対象になります。

　「選択・購入促進機能」は，見ただけではわからない，商品の違いや良さを顧客に理解させて，商品の選択，購入（注文）を促進させる機能です。

例えば，試食や試着，POP，メニュー表などです。具体的には，商品の強みや価値などの差別化や魅力が明確に伝わるかが評価の主点です。

▶店舗機能とその内容

訴求機能	目立たせる機能。店舗の外側からのわかりやすさ，魅力の伝わりやすさ （例）　外装デザイン，看板，店頭POP
誘導機能	店内へ顧客を誘導する機能。店内への入りやすさ （例）　店頭演出，入り口の広さ・位置，店内の見えやすさ
演出機能	商品を魅力的に演出する機能。視覚的演出，聴覚的演出 （例）　内装デザイン（世界観），陳列，オブジェ，色彩，照明，BGM
選択・購入促進機能	商品の違いや良さを理解させ，選択・購入（注文）を促進させる機能 （例）　試食・試着等，POP，メニュー表

▶店舗活動④　店舗機能の評価項目

1	訴求機能	①	●外観の訴求機能は具体的に何があるか？ ●それは訴求機能が高いか？　実際に店舗の魅力が伝わるか？
		②	●訴求機能は高いか？ ●実際に店舗の魅力が伝わるか？
2	誘導機能	①	●外装の誘導機能は具体的に何があるか？
		②	●誘導機能は高いか？ ●入り口は幅が広く入りやすいか？ ●外部から店内の見通しが良いか？
3	演出機能	①	●内装の演出機能は具体的に何があるか？
		②	●演出機能は高いか？ ●実際に買う気を起こすものか？ ●季節に応じた取り組みなど，定期的に変更しているか？
4	選択・購入促進機能	①	●選択・購入促進機能は具体的に何があるか？
		②	●選択・購入促進機能は高いか？ ●商品の差別化（強み・価値），魅力が明確に伝わるものか？

14.5

店舗活動⑤　サービスとクレンリネス

●サービスとクレンリネスの分析内容

　本書では，従来曖昧になりがちな「サービス」と「ホスピタリティ」の違いを右表のとおり定義しています。店舗運営の業種では，商品の機能的価値や品質について高いレベルにある店舗が多く，これらで差別化することが難しくなっています。そのため，その店舗の価値向上を図る上で，サービスやホスピタリティの重要性が高まっています。

　「サービス」とは，従業員がお客様に対して行う「一律」の接客やマナーのことで，ここでは基本的な接客のレベルを診ます。具体的には，「挨拶」「言葉遣い」「身なり」「接客態度」の４点を評価の対象とします。笑顔のないそっけない対応では高い評価は付けられません。

　「ホスピタリティ」とは，基本サービスよりワンランク上の「心」のこもったおもてなし，そして１人ひとりの顧客に対する「個別」の接客を指します。これは，個々の顧客に「自分は大切にされている」と感じてもらえるような接客ができているかがポイントです。具体的には，満面の笑みの挨拶，顧客に喜んでもらえるような個々の声掛けなどです。ホスピタリティの方法はさまざまで，接客だけでなく，顧客が驚いたり感動したりするようなしかけや工夫があるのかも確認します。

　「クレンリネス」とは，清潔で安全で快適な状態のことで，店内および外装のクレンリネスが行き届いているかを評価します。クレンリネスのポイントは，組織として５Ｓが徹底されているか，属人的なものになっていないかが大きなポイントになります。例えば，開店前の店舗内外の清掃，営業時間中のクレンリネスの維持，トイレの定期清掃などのしくみがあるかについて評価します。なお，クレンリネスの評価は５Ｓと同等の内容であると考えてください。

▷サービス・ホスピタリティとその内容

サービス	●従業員がお客様に対して行う「一律」の基本サービス ●（例）挨拶，言葉遣い，身なり，接客態度
ホスピタリティ	●基本サービスよりワンランク上の「心」のこもったおもてなし ●1人ひとりの顧客に対する「個別」の接客で，「自分は大切にされている」と感じてもらうもの 　（例）　満面の笑みの挨拶，顧客に喜んでもらう個々の声掛けやしかけ，顧客の立場や気持ちに寄り添った接客・行動，顧客の話を傾聴する姿勢，など

▷店舗活動⑤　サービスとクレンリネスの評価項目

1	サービス	①	●基本サービスである挨拶，言葉遣い，身なり，接客態度のレベルはどうか？
2	ホスピタリティ	①	●個々のホスピタリティのレベルはどうか？ ●基本サービスよりワンランク上の，1人ひとりに寄り添った対応か？
		②	●CS向上のためにどのような取り組みをしているか？ ●顧客が驚いたり感動したりするようなしかけや工夫があるか？
3	クレンリネス	①	●外装・内装のクレンリネスはいつも行き届いているか？
		②	●5Sが徹底され，定期的に実施するしくみができているか？ ●特定の個人スタッフに任された属人的なものになっていないか？
		③	●開店前に店舗内外，入り口等の清掃やチェックが行われているか？ ●営業時間中に店舗内のクレンリネスを維持するしくみがあるか？ ●トイレは定期的に清掃するしくみがあるか？

14.6

店舗活動⑥　差別化要因（４P他）

● ４P他の分析内容

　ここではマーケティングの４Pにいくつか項目を加えて評価を行います。４Pについては各々の戦略についても確認します。

　「商品」は，商品戦略のほか，メインの商品・定番商品に関する差別化や魅力を分析します。商品の機能的価値以外にも，パッケージも含めたデザイン，商品名，そしてセットメニューについても分析します。

　「価格」は，市場価格や特定の競合他社，原価など，何を基準にして値付けをしているのか，そして十分に利益が獲得できているか，また高・中・低価格帯を商品戦略的に分類しているかも確認します。

　「立地」は，店舗がどこにあり，商圏（顧客が10分で来られる範囲）はどの範囲で，その中に十分なターゲット顧客がいるかを確認します。また，営業時間内にターゲット顧客となる人が集まる場所か，さらに商圏内に競合がどの程度存在し，競争力があるかも分析します。

　「プロモーション」は，各種プロモーションについて，その手法と効果を確認します。また，フロントエンドやバックエンド，アップセルやクロスセルのしくみを取り入れているか，ネット販売や宅配で商圏を広げているかを確認します。

　「ブランド力」は，店舗や商品にブランド力があるかを確認します。店舗活動は商圏が限定されるため，商圏内の競合他社と比較してブランド力（知名度）があるかがポイントです。そして自社の価値を向上させ，市場に浸透させていくための活動についても確認します。

　「顧客との関係性」は，売上上位顧客と信頼関係があるか，その関係性の度合いがどの程度かを評価します。

▶店舗活動⑥　差別化要因（４Ｐ他）の評価項目

1	商品・サービス（Product）	①	●商品戦略は何か？
		②	●メイン商品は何で，差別化された強み（機能面・情緒面）は何か？ ●その強みは，顧客のニーズに適合し，競合他社より優れているか？ ●当社の強みは顧客に浸透し，その強みで顧客に選ばれているか？
		③	●長年愛されている定番商品があり，リピーターをつかんでいるか？ ●おススメのセットメニューに魅力とお得感があるか？
		④	●商品やパッケージのデザイン，商品名は魅力的か？
		⑤	●定期的に新商品を販売し，リピーターを囲い込めているか？
2	価格（Price）	①	●価格戦略は何か？
		②	●「市場価格」「特定の競合他社」「原価」の中で値付けの基準は何か？ ●現在の各商品の料金は十分に利益が獲得できるものか？
		③	●高価格帯・中価格帯・低価格帯が，戦略的に分類されているか？
3	立地（Place）	①	●立地戦略は何か？
		②	●店舗の立地はどこで，商圏（顧客が10分で来られる範囲）はどの範囲か？ ●商圏内に十分なターゲット顧客がいるか？
		③	●その立地は，営業時間内にターゲット顧客となる人が集まる場所か？ ●ターゲット顧客がアクセスしやすい場所か？
		④	●商圏内に競合はどのくらい存在し，その中で競争力があるか？
4	プロモーション（Promotion）	①	●プロモーション戦略は何か？
		②	●紙媒体のツール，ネット，SNSは何を活用しているか？ ●それらで新規顧客を取り込み，来店客のリピート化を促進できているか？
		③	●フロントエンド・バックエンド，アップセル・クロスセル等はあるか？
		④	●宅配・ネット販売等により，商圏を拡大する施策を実施しているか？
5	ブランド力	①	●店舗や商品のブランド力（知名度）はあるか？ ●競合他社と比べて自社のブランド力（知名度）はどうか？
		②	●業界，ターゲット顧客に認知されているか（知名度はあるか）？ ●どのように認知されているか？
		③	●自社の価値を向上・浸透させるために何をしているか？
6	顧客との関係性	①	●既存顧客，特に売上上位の顧客と，どの程度，信頼関係があるか？
		②	●得意先との関係性の度合いはどの程度か？ ●「すべて当社のみに注文」「部分的に当社に注文」「他社と分担」「引合いがきて競争入札」など

14.7

店舗活動⑦　店舗運営管理

●店舗運営管理の分析内容

　店舗運営管理のフレームでは，各種数値管理について分析します。会社全体の収益は，「経営・組織活動」で示した決算書や試算表をベースに実施しますが，店舗では，POSによる商品別の売上管理を行い，迅速に商品の入れ替えや新商品の投入などに活かすことが求められます。

　「収益管理」は，POS管理による商品別の売上・販売数を把握して経営に活用しているか，月単位や曜日単位，時間単位，天候や気温などで詳細に管理して，仕入や販売の調整，商品入替等に活かしているかを評価します。また，時間単位や天候の違いで繁閑差がどの程度あるかを分析して，繁閑差に応じた施策を実施できているかを確認します。

　「在庫管理」では，各商品や材料の置き場が決まっていて在庫量が把握できているか，安全在庫の基準があって，それを厳守しているかを確認します。また，在庫置き場にある実際の在庫数がシステム上で確認できるか，システム上と現場の数が一致しているかを確認します。さらに，現在の在庫に不良在庫がどの程度存在しているか，そして不良在庫を削減する取り組みを実施しているか，それは具体的にどのような取り組みで，その取り組みで不良率は削減できているかを確認します。

　「ロス管理」では，ロスには「値引きロス」と「廃棄ロス」が存在し，個々で管理できているか，合計のロスを把握できているかを確認します。なお，値引きロスと廃棄ロスを個別に正確に管理することは，実務上難しいのが現状です。そのため，合計で管理できていれば問題ありません。また，各商品のロス率を出しているか，どの程度か，なぜロスが発生しているのかを分析し，ロス率を下げる取り組みを実施しているか，なども確認します。

▶店舗活動⑦　店舗運営管理の評価項目

1	収益管理	①	●POSで商品別売上・販売数量を管理しているか？
		②	●曜日単位・月単位での売上・販売数量を管理しているか？ ●曜日（平日や休日など）や月・季節で繁閑差がどの程度変動があるか？
		③	●1日の時間単位での売上・販売数量を管理しているか？ ●時間単位で繁閑差がどの程度変動があるか？
		④	●天候や気温を含めた売上・販売数量を管理しているか？ ●天候や気温の違いで繁閑差がどの程度変動があるか？
		⑤	●これらの情報を仕入・販売の調整，商品入替え等に活用しているか？ ●どのように活用しているか？
2	在庫管理	①	●商品の在庫管理ができているか？ ●商品の安全在庫の基準があり，適正量を維持しているか？
		②	●在庫置き場に，各商品の在庫がどこに置かれ，現在何個残っているかが誰でも把握できるよう「整理」され「見える化」されているか？
		②	●在庫置き場の在庫がシステム上で確認できるか？ ●定期的な実棚や自動化等で，システム上と現場の数が一致しているか？
		③	●現在の在庫に不良在庫はどの程度存在し，それがなぜ不良在庫化したか？ ●不良在庫削減のためにどのような取り組みを実施しているか？ ●その取り組みでどの程度不良率は削減できているか？
3	ロス管理	①	●値引きロスと廃棄ロス，各々あるいは合計ロスを把握しているか？
		②	●各商品のロス率はいくらか？ ●なぜロスが発生するのか？
		③	●ロス率を下げる取り組みを実施しているか？ ●ロス率削減のためどのような取り組みを実施しているか？ ●その取り組みでどの程度ロス率を低下できているか？

14.8

店長の権限と職務，スタッフの職務

●店舗運営で店長の役割が重大

　店長の主な権限と職務，そしてスタッフの主な職務を右表のとおり整理します。ただし，業種や規模によってもその役割は変わりますので，店舗の状況を踏まえて，各役割の重要性を判断してください。

　一定規模のある飲食店や小売店の場合，学生など多くのパートをスタッフとして採用しています。そして顧客の満足度を高め，リピーターを獲得するには，働いた経験がほとんどない学生のホールスタッフを，顧客の個別の要望に的確に対応できるようにする必要があります。この状況を早期に実現するためには，店長が各スタッフに対し，事前に教育を行い，現場でも迅速かつ的確に指示を出せることがポイントになります。そのため店長のレベル向上が店舗経営には非常に重要な要素になります。

　チェーン店の場合，作業内容や料理手順（レシピ），店長の権限や役割などのしくみがあり，本部の指導体制やマニュアルなども整備されています。したがって，店長を迅速に育成できるようになっており，店長に適切な権限を与えて店舗運営を任せる体制が構築されています。

　一方で1店舗〜数店舗の規模では，しくみが構築されていないケースも多くあります。例えば，店長とスタッフの役割が不明確で，すべて店長の力量に任せるケースです。店舗運営のマニュアルがなく，具体的には店舗の開店準備作業なども体系化されていないため，店長が突然退社してしまうと開店準備の段階で混乱してしまいます。また，店長の権限や職務も曖昧なため，店長に指導力がない場合，スタッフの育成が不十分になり，顧客マナーができていない，顧客への適切な対応ができない，サボるスタッフがいてやる気のあるスタッフに業務量が偏るなどが起きやすくなります。本来マニュアル等で育成する内容も，個別に育成しなければならず，店長

の負担が増えてしまいます。このようにしくみが未構築の場合ほど，店長の重要度が大きくなります。

　以上のとおり，店舗運営のしくみが構築されていることが重要ですが，中小・零細企業の店舗の場合はしくみが未構築の場合も多いため，これらを踏まえ，店長やスタッフの仕事ぶりを評価する必要があるのです。

▶ 店長の権限と職務，スタッフの職務

店長の主な権限と職務	権限	● 部下への指揮命令 ● パートの採用・解雇 ● 従業員・パートの評価 ● 予算内での物品購入 ● 仕入品や品揃えの決定 ● 店舗のレイアウト，POP等の実施
	職務	● 適切な人員配置・シフト管理 ● スタッフの教育・指導 ● 業務の状況に合わせた指示 ● 店舗設備のメンテナンス・管理 ● クレーム対応 ● 情報共有，本部への報告
スタッフの主な職務		● 接客・顧客対応，商品説明，販売・配膳 ● 各種サービスの案内 ● 商品の仕入れ，在庫管理

14.9

店舗活動⑧　店長・スタッフ，現場環境

●店長・スタッフ，現場環境の分析内容

このフレームでは，店長やスタッフといった現場で働く人材，および現場環境について評価します。

「店長の状況」は，まずは店長の権限や職務，育成するしくみの有無について確認します。また，前述のとおり店長の力量が店舗運営に大きく影響するため，必要なスキルを保有しているか，スタッフに適切な指示が出せているかも大切です。そのほか，社長（会社運営責任者）と店長（店舗運営責任者）が異なる場合，店長が社長の指示を忠実に実行しているかどうかも評価のポイントになります。

「スタッフの状況」では，スタッフの業務レベル，身だしなみ，取り組み姿勢について評価し，店舗のブランドを毀損するような接客を行うスタッフがいないかどうかを確認します。特にホールスタッフは顧客と直に接するため，言動や態度に問題があれば，直接店舗のブランド毀損につながってしまいます。また，スタッフ間に業務のレベル差があるか，それによりどのような影響が出ているかも確認が必要です。

「教育・OJT」では，作業マニュアルやレシピなどが整備されているか，それが忠実に実行されているかを評価します。また，いかに新人のパートを迅速に即戦力に育成するかが重要になるため，OJTにより現場で新人を育成する体制が構築されているかも評価します。

「現場環境」は，まずは各スタッフに対して，予約状況や本日のおススメなどの当日の予定が伝わっているか，スタッフのマルチタスク化が進んでいるか，状況に応じて協力する体制が取れているかを確認します。役割分担が明確であると，時間帯によって職種間での業務量の差が大きくなり，作業効率が落ちてしまいます。例えば，飲食店で，料理人1名とホールス

タッフ2名で運営し，1人の料理人が皿洗いなどすべて請け負っていると，顧客の料理提供が遅れて機会損失を招く恐れが出てしまう可能性があります。そのほか，いじめや各種ハラスメントが起きていないかもあわせて確認します。

▶店舗活動⑧　店長・スタッフ，現場環境の評価項目

1	店長の状況	①	●店長の権限や職務が明確になっているか？ ●店長を育成するしくみが構築されているか？
		②	●店長は必要なスキルを保有しているか？　不足しているスキルは何か？ ●店長はスタッフに適切な指導や指示を出せているか？ ●店長の指導や指示，スキルの欠如によって，どのような影響が出ているか？
		③	●店長は社長の指示に忠実に従っているか？ ●社長の指示に従わない場合，どのような影響が出ているか？
2	スタッフの状況	①	●スタッフの業務・サービスレベル，取り組み姿勢はどうか？ ●店舗のブランドを毀損するようなスタッフはいないか？
		②	●スタッフは店長の指示を忠実に実行しているか？ ●スタッフが店長の指示に従わない場合，どのような影響が出ているか？
		③	●スタッフ間で，業務レベルに差や偏りがあるか？ ●これらに偏りがある場合，業務にどのような影響が出ているか？
3	教育・OJT	①	●作業マニュアルやレシピがあるか？ ●マニュアルやレシピが忠実に実行されているか？ ●マニュアル等なし，未実行の場合，業務にどのような影響が出ているか？
		②	●現場でOJTを行う体制があるか？ ●新人を即戦力にするための育成が，迅速かつ的確に実施されているか？
4	現場環境	①	●各スタッフに当日の予定（予約状況，お得意様への対応，本日のおススメなど）が伝わっているか？
		②	●スタッフのマルチタスク化，状況に応じて協力する体制になっているか？ ●役割が分担されすぎて協力体制がなく，繁閑差が大きくなっていないか？ ●スタッフのシフト管理は適切に実施されているか？ ●スタッフ間や職種間に業務量の差や繁閑差が発生していないか？
		③	●いじめや各種ハラスメントは起きていないか？

┌─COLUMN─┐

事例14　青果・惣菜小売

売上高	2億円	借入金	5,000万円
社員数	20名	社長	30代男性

　農家から直接仕入れた青果物とその加工品を販売する小売店の事例です。販売形態は，実店舗が1店舗とカタログ通販，ネット通販です。同社で取り扱っている商品は特別な栽培方法によるもので，通常販売されている青果物よりも旨味成分があるのが特徴です。実店舗では，主に年配の主婦層に一定の固定客がおり，カタログ通販でも一定の固定客を持っています。そして近年ネット通販を開始し，一定の顧客を獲得しました。しかし，売上は好調を維持していますが，収益性が低いのが課題です。

　低収益性の原因は，1つ目は自社栽培方法をブランディングできておらず同社の栽培方法が顧客に浸透していないこと，2つ目は流通コストが高く，それを価格に十分に反映できていないことです。3つ目は，通信販売やネット通販の業務フローが未確立であり，生産性が低いことです。カタログ通販やネット通販の，個別の要求に対するピッキング業務が煩雑となり，また，個別の問合せへの対応に時間が取られるため，売上が上がるにつれて新たな人材が必要となり，十分な利益が獲得できないのです。

　改善策は，1つ目は徹底して自社の栽培方法のブランディングを行うことです。同社が扱う青果物はどのような製法で，通常のものとどう違うのか，これを実店舗や通販へ徹底してアピールすることです。2つ目は価格の見直しで，流通コストの分を価格に反映させて値上げをすることです。値上げによる顧客離れを回避するためにも，上記のブランディングもあわせて実施することが重要です。そして3つ目は，業務フローを再構築して生産性を高めることです。効率的なフローを確立し，フローに合わせて商品の配置も見直す必要があります。そしてIT化を進めて，顧客との個別対応や入力等の手作業を極力減らすことが大切です。

第15章 内部環境分析

(5) 卸売活動

15.1

卸売業の機能

●卸売業のポイントは，商品以外の付加価値

　ネット通販と物流の進歩により，企業や消費者は直接メーカーや生産者から商品を購入できるようになりました。以前から「中抜き」といわれて販売形態が大きく変わる中，商品で差別化が困難な卸売の経営環境はますます厳しいものとなっています。そのため卸売は，いかに商品以外の付加価値を付けるかが生き残りの大きなポイントとなります。なお，卸売の重要な役割の在庫機能では，いかに多くの品揃えを確保するかが重要になるので，中小・零細企業の卸売業は非常に厳しい状況といえます。

●卸売業の6つの機能

　「調達・販売機能」は，メーカーから商品を仕入れて企業や小売店に販売する機能です。仕入先のメーカーにとっては販路の開拓，販売先の企業や小売店にとっては売れる商品の紹介，という役割があります。

　「在庫機能」は，メーカーから仕入れた商品を保管する機能です。大手の場合は在庫商品の品揃え，中小・零細企業の場合は取引先が必要とする商品の短納期での配送がポイントになります。

　「物流機能」はメーカーから仕入れた商品を仕分けして配送する機能です。大口の企業や小売店からの要望が高い「短納期」かつ「多頻度小口配送」に応えるためには，この物流機能と在庫機能の充実が重要です。

　「情報伝達機能」は，顧客の販売状況や売れ筋などの情報をメーカーに伝える機能です。メーカーはこれらの情報によって，生産数の調整や商品開発などに活かすことができます。

　「リテールサポート機能」は，小売店の売上アップの支援を行う機能です。例えば，新商品・売れ筋・競合情報の提供，売り場づくり，POPや陳列などの販促支援などです。

「一次加工機能」は，原材料や部品を仕入れて，顧客の要望に応じて一次加工をする機能です。一次加工をした商品を在庫することで，メーカーからの注文時に一次加工した商品を短納期で納めることができます。得意先にとっては，短納期と一次加工の負荷を下げることができ，卸売側にとっては付加価値による得意先の囲い込みと利益率向上が見込めます。

▶ 卸売の機能とその内容

	卸売の機能	機能の内容
1	調達・販売機能	●メーカーから商品を調達し，メーカーに代わって企業・小売店に販売する機能 ●仕入先のメーカーにとっては販路の開拓，販売先の企業・小売店にとっては売れる商品を探し出して紹介する，という役割がある
2	在庫機能	●メーカーから仕入れた商品を大量に保管する機能 ●在庫商品の品揃え，取引先に必要な商品の短納期化がポイントとなる
3	物流機能	●メーカーから仕入れた商品を，仕分けして企業・小売店へ配送する機能 ●大口企業・小売店からの要望が高い「短納期」かつ「多頻度小口配送」に応えるには，この物流機能と在庫機能が充実していることが重要
4	情報伝達機能	●メーカーに対し，どこの誰にどんな商品がどの程度売れているか，という情報を伝える機能。メーカーはこれらの情報を新商品開発や生産調整に役立てる ●企業・小売店に対し，他の小売店の売れ筋情報の提供や，新商品の迅速な情報を伝える機能。企業・小売店の売上アップを支援する
5	リテールサポート機能	●小売店の売上アップの支援を行う機能。主な機能は以下 ＜リテールサポート機能＞ ①　新商品・売れ筋・競合情報の提供（＝情報伝達機能） ②　従業員教育や店員派遣 ③　店舗の内外装，売り場づくりや販促（POP，陳列） ④　販促活動の支援
6	一次加工機能	●原材料や部品を仕入れて，顧客の要望に応じて一次加工をする機能 ●一次加工した商品を在庫し，メーカーからの注文時に加工した商品を短納期で販売する

15.2

卸売活動の機能の評価と競合分析

●卸売活動の機能の分析内容

　卸売の分析内容は，前述の「卸売の機能」について，競合分析と顧客ニーズをあわせて強み・弱みを抽出するという分析を行います。また，価格について，値付けの方法と，競合他社とネット通販との比較を分析し，その値付けによって顧客の反応や購買行動がどうなのかを評価します。具体的には，高すぎて競合に流出することがあるのか，あるいは高くても別の差別化要因や信頼関係によって当社を選択するのかを見極めることです。

　右表に競合分析の事例を明記します。

▶卸売機能の評価項目

1	競合他社	①	●競合他社はどの会社か？
2	調達・販売機能	①	●当社と競合他社の調達・販売機能の具体的内容，強み・弱み
		②	●当社と競合他社との比較
3	在庫機能	①	●当社と競合他社の在庫機能の具体的内容，強み・弱み
		②	●当社と競合他社との比較
4	物流機能	①	●当社と競合他社の物流機能の具体的内容，強み・弱み
		②	●当社と競合他社との比較
5	情報伝達機能	①	●当社と競合他社の情報伝達機能の具体的内容，強み・弱み
		②	●当社と競合他社との比較
6	リテールサポート機能	①	●当社と競合他社のリテールサポート機能の具体的内容，強み・弱み
		②	●当社と競合他社との比較
7	一次加工機能	①	●当社と競合他社の一次加工機能の具体的内容，強み・弱み
		②	●当社と競合他社との比較

▶ 卸売の機能と競合分析（例：雑貨卸）

		当社	競合A社	競合B社
基本情報	社員数	5人	6人	80人
	販売エリア	福島県内	福島県内	全国
	ターゲット	●大手P社がメインであるが，中小零細も充実	●商店街等，昔からある小規模企業に特化 ●大口小売店と取引せず	●大口小売店との取引に特化し小規模との取引はなし ●品揃え豊富で価格競争力あり
調達・販売機能		△ ●新商品を紹介するが，大手卸売よりも情報が遅いため，他社が先行	○ ●消費者の視点から見て売れる商品を探し出して小売店へ紹介	○ ●新商品をいち早く紹介
在庫機能		△ ●大手P社に特化した在庫で，新商品の要求への対応に課題あり	× ●在庫は定番商品のみ	○ ●さまざまなメーカーの，多様な商品在庫を保有 ●小売店からの新たな依頼にも迅速に対応
物流機能		○ ●P社および近隣小売店には自社の車で配送 ●山岳・長距離配送は業者を活用	○ ●商圏が狭いため，すべて自社配送	○ ●専門流通業者を活用し高頻度に配送
情報伝達機能		○ ●近隣大手小売店に定期訪問し，品揃え・価格・棚割りを確認し，P社へ情報提供している	△ ●業務上で知り得る範囲で商品情報を提供	○ ●さまざまな商品情報や取引小売店の情報を収集して提供
リテールサポート機能		○ ●さまざまな商品のPOPを作成して売り場を支援	× ●未実施	△ ●棚割りの修正のみ
一次加工機能		× ●未実施	× ●未実施	× ●未実施
価格		△ ●大手P社はメーカーが価格を決定するため仕入価格も固定 ●小規模小売とは個別折衝	× ●個別折衝	○ ●大量販売による低価格対応，特売価格など，小売店の要望に柔軟に対応

┌─ C O L U M N ─┐

事例15 工具・機械部材卸

売上高	6,000万円	借入金	3,000万円
社員数	3名	社長	50代男性

　工具や部品等の仕入販売業の事例です。一部の部品は顧客の要望に合わせて同社内および外注先で加工して販売しています。主な顧客は，工場やオフィスビルの設備関係の工事やメンテナンスを行っている会社であり，仕入販売の工具はプロ仕様のため，一般消費者向けは実施していません。また，同社で行う部品加工は，複数の得意先共通の加工だけでなく，個々の顧客の個別要求に対しても行って差別化を図っています。さらにこの個別要求の加工を1個から短納期で実施することで，顧客の満足度を高めています。

　利益は出ていますが十分ではなく，収益力向上が課題となっています。問題点は，1つ目は営業ツールで自社の強みが表現できていないこと，2つ目は，部品加工を価格に反映できていないことです。具体的には，顧客の要望に対する加工を行うには，材料費と，自社社員の人件費がかかりますが，見積金額の算出には単純に材料費のみを追加して，通常の仕入販売品と同じ利益率を掛けて販売しています。つまり，加工にかかった人件費分と，付加価値の利益分が含まれていないのです。

　改善策としては，まずは同社の強みを明記した営業ツールを作成することです。同社の新規開拓は紹介がメインですが，紹介を受けても，紹介された顧客に同社の強みを伝えることができず，受注につながるケースが少ないのが現状です。そのため「1個から要望に合わせた部品を加工」「短納期での加工」を明記したツールを作成し，効率的な新規開拓を実現します。そしてもう1点，加工品の利益率改善です。高付加価値の製品である加工品は，人件費を原価に入れ，より高い利益率で販売します。これにより，短期間で利益増加が見込め，安定した収益を確保することが期待でき，かつ既存顧客と新規顧客の双方で売上・利益の向上が見込めます。

【参考文献】

● 橋本卓典『捨てられる銀行』（2016年，講談社）

● 大山雅己『「対話力」ですすめる　事業性評価がよくわかる本』（2017年，経済法令研究会）

● 寺嶋直史『再生コンサルティングの質を高める　事業デューデリジェンスの実務入門』（2015年，中央経済社）

● 寺嶋直史『スモールM&Aのビジネスデューデリジェンス実務入門』（2021年，中央経済社）

本書をご購入いただいた方に，特典として，本書でご紹介した「事業性評価シートサンプル」を，下記の方法でWebからダウンロードしてご利用いただけます。

※ご登録いただいたメールアドレスは，株式会社レヴィング・パートナーおよびその関連団体にて，お客様と連絡を取るという目的以外では使用いたしません。

① ブラウザを起動し，アドレスバーに下記URLを入力して，株式会社レヴィング・パートナーのホームページにアクセスします。

② 表示された「株式会社レヴィング・パートナー」のホームページの【書籍「銀行員のコンサルティング力を高める 中小・零細企業の事業性評価ハンドブック」をご購入のお客様特典】の「いますぐダウンロードする」ボタンをクリックしてください。

書籍「銀行員のコンサルティング力を高める
中小・零細企業の事業性評価ハンドブック」
をご購入のお客様特典

「事業性評価シートサンプル」
「経営分析シート」
いますぐダウンロードする

③　以下のIDとパスワードを，画面に表示される「ID（あるいはユーザー名）」(*)
と「パスワード」欄に入力して，「OK（あるいはログイン）」(*) ボタンをクリッ
クします。

ID：978450
パスワード：2428517

④　申込フォームに必要事項を記入し，「申込」ボタンをクリックします。

⑤　「申込」ボタンをクリックしてしばらくすると，④で入力したメールアドレス宛に，
ダウンロード案内のメールが届きます。メールの本文にアクセスすると「ダウンロー
ドしますか？」(*) と表示されますので，許可してダウンロードしてください。

(*)　ご使用のブラウザによってコメントは異なります。

【著者紹介】

寺嶋 直史（てらじま・なおし）

事業再生コンサルタント，中小企業診断士，株式会社レヴィング・パートナー代表取締役。大手総合電機メーカーに15年在籍し，部門で社長賞を受賞する等，多数の業績に貢献，個人では幹部候補にも抜擢される。その後，独立してコンサルティング会社を立ち上げ，経営や業務の見直し，ブランディングのしくみ構築など，さまざまな問題解決により，多くの中小零細企業を再生に導いている。その他，1年で一流の経営コンサルタントを養成する「経営コンサルタント養成塾」の塾長として，金融知識，問題解決の思考法，ヒアリング手法などの基礎から，事業デューデリジェンス，財務分析，経営改善手法，事業計画，マーケティング・ブランディングなど，さまざまな講義をすべて1人で実施。著書に『再生コンサルティングの質を高める事業デューデリジェンスの実務入門』（中央経済社），『スモールM&Aのビジネスデューデリジェンス実務入門』（共著，中央経済社），『儲かる中小企業になるブランディングの教科書』（日本実業出版社）等がある。

https://reving-partner.jp/
info@reving-partner.jp

銀行員のコンサルティング力を高める
中小・零細企業の事業性評価ハンドブック

2022年5月1日　第1版第1刷発行

著　者　寺　嶋　直　史
発行者　山　本　　　継
発行所　㈱中央経済社
発売元　㈱中央経済グループ
　　　　パブリッシング

〒101-0051　東京都千代田区神田神保町1-31-2
電話　03 (3293) 3371 (編集代表)
　　　03 (3293) 3381 (営業代表)
https://www.chuokeizai.co.jp
印刷／昭和情報プロセス㈱
製本／侑井上製本所

©2022
Printed in Japan

＊頁の「欠落」や「順序違い」などがありましたらお取り替えいたしますので発売元までご送付ください。（送料小社負担）

ISBN978-4-502-42851-7　C3034